JN418473

어머니의 비단방석

어머니의 비단방석

은옥진 수필선집

수필과비평사

| 책 머리에 |

글을 정리하며 생각했다.
왜 나무였을까. 왜 꽃이었을까.
거기에 어머니의 기억이 있었다.
내가 지낸 시간, 나를 만든 시간이
있었다.
그리고 또 생각했다.
그것은 정말 나무에 있었을까.
꽃에 있었을까.

사실은 나무와 꽃이 아니라
내 속에 있었다. 나무와 꽃은
내 속에 있던 그것을 비췄을 뿐이다.
하지만 내 속에 있던 것이라도
맺히니 탐스러워 보였고
꽃대에 피니 예뻐보였다.

글을 쓴다는 것이
그런건가보다.

그래서 한 글자씩 쓸 수 있던 시간에
감사한다. 나무에 있지 않고
꽃에 있지 않았지만 나무가 없고
꽃이 없었으면 맺히지 못하고
피지 못했을 것이라 거기에 또 감사한다.

2025년 봄날에

— **은옥진**

목차

1부 꽃을 보며

2부 어머니를 그리며

3부 마음

4부 나무와 함께

1부

꽃을 보며

아몬드꽃

청색 바탕에 하얀 꽃들이 어우러진 그림을 우편으로 받았다. 빈센트 반 고흐의 '아몬드꽃' 복제본이다. 그의 특징인 강렬한 색채나 거친 붓 자국이 아닌 밝은색의 흰 꽃들이 아늑하다. 이 그림은 네덜란드에 가 있는 외손녀의 선물이다. 교환학생으로 간다는 말을 듣고 "반 고흐 미술관은 꼭 들러라"라고 일렀다. 그 말을 잊지 않았던지 미술관을 두 번째 다녀오던 날 그림을 내게 보냈다고 한다.

화사한 꽃그림을 보고 있으니 가슴에 잔잔한 파문이 인다. 이십몇 년 전, 1980년이다. 반 고흐의 작품 '밀밭의 까마귀'를 만나러 암스테르담 미술관에 갔었다. 화집에서도 쉽게 볼 수 없었던 작품이었다. 있는 그대로의 작품에 담긴 그의 심정이 어떻게 표현되었을까 그림 속에서 더 많은 진실을 찾아보고 싶었다.

그렇게 맞닥뜨린 '밀밭의 까마귀'는 나를 한자리에 붙박아버리고 말았다.

강한 붓 자국의 검푸른 하늘, 거기에 사나운 폭풍이 지나고 있었던 걸까. 바람에 휘감긴 너른 밀밭에 까마귀 떼가 어지럽게 날고 있었다. 불안과 쓸쓸함이 감도는 화면. 그림을 완성한 뒤 밀밭을 바라보며 자신에게 방아쇠를 당겼을 고흐.

미술관 직원이 내게 의자를 건네주지 않았더라면 시간이 어떻게 지났는지 모를 뻔했다. 무거운 마음을 추스르느라 터벅터벅 이층 계단을 올랐다. 맞은 편벽에 눈길이 멎으면서 나는 그만 걸음을 멈추었다. 햇살 가득 담은 하얀색 꽃

그림이 내게 미소를 보내고 있었다. 그 꽃이 뿜어내는 생명의 향기 때문일까. 일렁이던 가슴이 사르르 가라앉으면서 편안해졌다. 바로 그 꽃그림이 손녀 딸 서영이가 내게 보내준 '아몬드꽃'이다.

아래층에서 고독한 영혼을 만나고 이층에서 아몬드 꽃을 만나 위로를 받으며, 종일 위 아래층을 오르내렸다. 휴지를 적시고 다시 흩날리는 꽃향기에 취했던 하루였다.

'아몬드꽃'에는 애틋한 사연이 있다. 반 고흐가 쓴 편지에 "어머니, 머지않아 태어날 테오의 아기를 위해서 아몬드 꽃을 그렸습니다. 파란 하늘을 배경으로 하얀 아몬드 꽃이 만발한 커다란 꽃가지 그림입니다."

또 한 번의 발작을 일으키고 아직 회복되지 않은 상태에서 '아몬드꽃'을 한 달 동안 그렸다. 동생 테오에게 쓰기를, "꽃이 핀 가지들이 있는 마지막 캔버스이다. 너도 알겠지만 가장 많은 인내심으로 작업했으며 내가 그린 것 중 최고의 작품이란다. 붓끝 하나하나에 온 정성을 다 들였단다."

반 고흐가 머물렀던 남프랑스에서는 겨울을 막 지난 1월에서 2월에 아몬드 꽃이 핀다. 찬바람 속에서 피어나는 꽃이라 강한 생명력을 지닌다. 추위를 이기고 꿋꿋하게 피어나기를 바라는 마음이었을까. 푸른빛의 환희와 흰색의 순수함을 화폭에 담았다. 테오는 자신의 아이에게 형처럼 강직하고 굳센 의지를 가지고 살아갔으면 해서, 아이의 이름을 빈센트로 부르겠다고 했다.

고흐는 어머니에게 편지를 쓰기를 "테오의 아들이 저처럼 불행한 삶을 살까 봐서 저의 이름을 쓰는 것을 반대했지요. 아버지 이름을 따르기를 바랐답니다. 요즘 아버지 생각을 무척 하고 있거든요. 하지만 제가 얼마나 기뻤는지 모릅니다."라고 적었다.

반 고흐는 '아몬드꽃'을 그린 반 년 뒤, '밀밭의 까마귀'를 마지막으로 이젤을 세워둔 밀밭에서 죽음을 택했다. 1890년 7월이었다. 그가 파리에 갔을 때 테오가 겪는 경제적인 어려움을 직접 보면서 동생에게 더는 부담을 주고 싶지 않았을 것이다. 앞날에 대한 막막함, 언제 올지 모르는 발작에 대한 불안. 이 모두가 그를 죽음으로 내몰지 않았을까.

형을 잃은 동생 테오도 6개월 뒤 세상을 떠난다. 그림을 물려받은 테오의 아내는 번역가로 활동했으므로, 두 형제가 나눈 700여 통의 프랑스어 편지를 네델란드어와 영어로 번역해 세상에 알렸다. 고흐가 세상을 떠나던 해 태어난 조카 빈센트는 얼굴도 못 본 삼촌의 그림을 그대로 보존하여 재단을 꾸리고 작품 기증을 해서, 네덜란드 정부의 지원을 받아 1973년 '반 고흐 미술관'을 암스테르담에 세웠다. 몇 년 뒤, 그도 세상을 떠났다.

아직까지 내게 인상 깊게 남은 작품은 미술관에서 보았던 '펼쳐진 성경책'이다. 그가 읽었던 실제 성경이 바로 옆 유리장 안에 있었다. 목회자였던 반 고흐 아버지의 성경책이다. 형제의 정도 도타웠는데 아버지의 유품까지 소중하게 간직한 모습이 보는 이의 가슴을 뭉클하게 했다.

언제쯤이면 마음속에 '별이 빛나는 밤'을 그릴 수 있을까 고심하던 반 고흐. 지금은 하늘나라에서 또 하나의 별이 된 빈센트 형제와 마주 앉아 걱정 없는 이야기를 나누고 있을 장면을 상상해 본다. 벽에 걸린 '아몬드꽃'을 다시 한번 우러러본다.

서영아. 저 '아몬드 꽃'이 너의 가슴에서도 무럭무럭 자라기를 바란다. 테오처럼 형제끼리 서로 도우며 지냈으면 한다. 테오는 형이 작품을 보낼 때마다, 정말 아름답다고, 아주 훌륭하다고, 형은 분명히 성공할 거라고 언제나 형을 격려하고 응원했던 동생이었다.

"형은 아주 드문 재능을 가진 예술가야. 멋진 예술가가 될 형을 돕지 않는 것은 용서받을 수 없는 일이지. 형의 고통을 덜어줄 수만 있다면 뭐든 하고 싶어. 용기를 잃지 마, 내가 형을 얼마나 좋아하는지 알지" 지금 두 사람은 오베르쉬즈 공원에 나란히 누워있다. 그들의 '아몬드 꽃'을 나는 눈앞에 두고 있다.

꽃잎을 잃은 국화

그 아주머니와 내가 만난 것은 10년이 더 되었을 것이다. 가을이 오고 집수리를 시작한 다음날 길 건넛집에 이사를 왔다. 골목이라고 하기에는 좀 넓은 길을 사이에 두고 마주 보는, 초록색 지붕의 예쁜 집이다. 그림 동화책에서 읽었던 과자로 만든 집처럼 생겼다고 해서 우리 애들은 '과자집'이라고 부르곤 했다.

그 집에는 벌써 대학생이 둘이나 있고, 그이가 나보다 나이도 더 들어 보여서 아주머니라고 불렀다. 우리는 비슷한 날짜에 집수리를 하고 있어, 얼마나 힘이 드느냐며 서로 웃음을 나누다 보니 어느새 가까워졌다.

그 집은 우리보다 여러 가지로 넉넉해 보였다. 이층에는 잘 정돈된 홈바도 꾸며져 있었고, 지하층에는 사우나 시설도 갖추어져 있었다. 나도 그 나이쯤 이면 저렇게 '과자집'

처럼 꾸미고 살게 될까 상상을 해 보지만, 어림이 안되었다. 우선은 꽃밭부터 예쁘게 꾸며보리라 소박한 마음을 먹었다. 무슨 꽃을 어떻게 심을까 궁리하고 있을 때 그 아주머니가 우리 집에 놀러 왔고, 국화 전시회에 가겠느냐는 말에 선뜻 따라나섰다.

꽃을 보러 갈 때는 늘 가슴이 뛴다. 국화 전시장에 도착하니 여러 가지 모양으로 가꾼 대국大菊 중국中菊들이 저마다 아름다움을 뽐내고 있어, 어느 꽃과 눈을 맞추어야 할지 모를 지경이었다. 잔잔한 꽃들이 어우러진 소국小菊과 현애를 둘러보다가, 문득 국화에 남다른 정을 쏟으셨던 아버지 생각이 나서, 자색 현애와 노란색 대국을 골라 들었다. 그 아주머니는 보라색 소국과 흰색 중국을 갖고 싶어 했는데, 3층 탑처럼 가꾸어진 흰색 국화는 누가 보아도 욕심을 낼만했다.

국화가 있어 꽃밭이 더욱 풍성했고, 하늘도 마냥 푸르렀다. 봄가을로 서초동과 구파발 꽃가게를 오가며 우리는 무언의 약속을 했고, 그 일은 오랫동안 계속되었다. 그러던 어느 가을, 11월이 다 지나도록 나는 국화 전시회를 잊고 있었다. 궁금한 마음으로 '과자집'에 들렀더니, 그 아주머니가 잔디밭에서 풀을 뽑고 있었다. 감기가 낫지 않아 병원에 다니다 보니 국화 보러 가는 것도 잊었다며 힘없이 웃었다.

이듬해 봄, 꽃모종을 사올 때다. 그 아주머니는 예전의 환한 웃음 대신 근심이 가득한 얼굴로 자꾸 먼 산을 바라보았다. 화훼농원에 다녀온 나는 밤이 늦도록 애들과 함께 꽃을 심어 2층 베란다와 아래층 테라스에 옮겨 놓은 며칠 후 '과자집'에 들렀다. 아주머니는 자기 집에서 우리 집을 바라보면, 봄꽃이 위 아래층 난간에 알록달록 놓여 있어 마치 스위스 산장을 보는 것 같다며 부러워했다. 우리 마당에서 올려다보는 것보다 그 집 2층에서 마주 보는 것이 화분의 자리며 꽃의 어우러짐을 한눈에 볼 수 있어, 봄이면 한 번씩은 '과자집' 2층에 올라가게 되었다. 그날도 새로 심은 우리 집 꽃도 볼 겸, 그 아주머니는 어떻게 심었는가도 볼 겸 그 집을 찾아갔다.

대문을 열고 들어가니 아주머니는 병원에 들어간다면서 짐을 챙기고 있었다. 며칠 전보다 안색이 나빠 보였고, 고통스러워하는 아주머니의 모습에 그 집 2층에는 올라가지도 못하고 그냥 돌아서야 했다. 그 집 마당에는 벌써 심었어야 할 꽃들이, 뜯기지도 않은 채 비닐봉지 속에서 시들고 있었다. 몇 포기라도 살려야 할 것 같아서 꽃삽을 가져다가 어우러진 철쭉 근처에 심어 주고 나왔다.

여름이 되었다. 이층 난간에 있는 페튜니아 화분에 물을 주러 올라갔다가, 맞은편 과자집 창가에서 희미한 그림자를 보았다. 머리에 수건을 두르고 우리 집을 바라보고 있는 그 아주머니였다. 하도 반가워 막 손을 흔들려는데 금세 그의 모습이 사라져버렸다. 그 뒤로 몇 차례가 더 그 집엘 갔지만, 몸이 불편해 아무도 만나지 않으신다는, 일하는 분의 대답만 듣고 돌아왔다.

그 아주머니가 암으로 고생하고 있다는 사실을 알게 된 것은 얼마 후였다. 노랗게 물들기 시작한 감나무 잎이 오후의 햇볕에 더욱 영롱하던 날, 잠깐 들러 달라는 아주머니의 전갈이 왔다. 얼른 건너갔다. 얼마 동안 마주하지 못한 사이에 알아볼 수 없을 만큼 수척한 얼굴이지만 가벼운 화장을 하고 있었다. 보랏빛 꽃무늬 원피스 차림에 머리에도 같은 천의 스카프를 두르고 있었다. 딸의 혼사를 서둘렀더니 오늘 밤 함이 들어오게 되었다고, 그것을 보고 싶어 병원에서 잠시 외출했는데 내일 다시 병원으로 갈 것이라 했다. 이번에는 병원에 오래 있지 않을 것 같으니, 나오면 같이 국화를 보러 가자며, 일어서는 내 손을 힘없이 잡았다.

초저녁이 지나 시끌벅적한 함진아비의 외침이 텅 빈 잔디밭으로 쏟아지고, 온 집을 밝힌 불빛도 허허롭기만 했다.

그 무렵 나는 집을 나설 때나 돌아올 때, 그 집 대문 안에 무척 마음이 쓰였다. 무엇을 기다리기라도 하는 것이었을까. 반쯤 열린 대문 안으로 그림자 져 보이는 흰 국화는 마치 검은 리본을 맨 상장喪章처럼만 보였다.

땅거미가 마당에 내리고, 소슬바람에 떨어진 감나무 잎을 태우려고 꽃밭으로 나섰다. 그리고는 갑자기 가슴에 부딪히는 소리가 있어 얼른 대문을 밀쳤다. '과자집' 대문은 활짝 열렸고 흰색 국화로 꾸민 조화가 마당에서부터 대문 밖까지 줄지어 놓여 있었다.

겨울이 아직 남았는데 '과자집'을 헐고 빌딩을 올린다는 이야기를 들었다. 몇 달이 지나자 그 자리엔 높다란 석조 건물이 들어섰고, 그렇게도 아끼던 잔디밭도 국화도 더는 볼 수 없게 되었다.

젊은 부인이 새로 들어왔다는 말도 들렸다. 아버지 결혼식 날 울며 뛰쳐나간 딸이 있었다고…. 그해 가을 흰색 국화는 다른 해보다 이르게 꽃잎을 잃었다. 그 후로 흰색 국화를 나는 심지 않는다.

매화가지에 꽃댕기

오랫동안 접어두었던 월매이곡병月梅二曲屛을 다시 펼쳐놓은 것은 지난겨울 일본에 다녀온 뒤였다.

해묵은 굵은 둥치가 비스듬히 그려졌고, 굽은 등걸에서 뻗어 나온 가지에는 흰색 꽃들이 피어 있으며, 성긴 가지에는 자잘한 꽃망울들이 수줍게 매달려 있다. 그루터기에 핀 파르스름한 이끼는 예스러이 운치를 더하여 그윽한 향이 번져 오는 것만 같다.

지난해에 남편과 같이 일본 규슈의 작은 마을에서 하루를 묵게 되었다. 일찍 잠이 든 때문인지 자정이 지나 눈을 떴다. 방안이 환했다. 날이 밝았나 싶어 엷은 커튼을 젖히니, 창밖은 고즈넉하고 사위에 달빛만 푸르다.

밤이 깊어질수록 어디선지 향긋한 내음이 방안 가득 새어든다. 슬며시 창을 밀쳤다. 잊고 지냈던 꽃내음이었다.

궁금한 마음 가눌 길 없어 남편을 깨웠다.

밖으로 나오니 저만큼 떨어진 비탈에 작은 텃밭이 있고, 그곳에 한 그루 나무가 서 있었다. 얼핏 보기에 옥색 너울을 쓰고 있다 할까. 차갑도록 고결한 꽃 빛. 흰색 매화였다. 꽃잎 하나만 날려도 그 소리가 들릴 듯 가라앉은 밤, 매화 가지에 비취는 담담淡淡한 달빛, 그 달빛 부서지는 소리가 들릴 것만 같다.

한참을 그렇게 서 있었다. 영혼에 스며드는 청향淸香, 그 해맑은 향기는 매화의 품격이며 묵언의 시詩일진대, 설혹 시린 바람이 지난다 해도 후회될 것 같지 않았다. 매화가지 흔들며 봄을 일구고 있을 것이기에. 떨어진 꽃잎 하나도 밟을 수 없어 살며시 주워들었다.

격이 있는 한 그루 매화를 늘 마음에 그리고 있었는데, 달빛 어린 매화를 만날 수 있었으니 그보다 더 귀한 일이 어디 있을까. 남편의 성화 때문에 방으로 들어오면서도, 행여 시새움으로 세찬 바람 일어 꽃잎 날릴까 돌아보고 다시 보며 걸음을 옮겼다.

처음 그 방에 들어섰을 때는 허술한 유리문을 보며 염려도 했었건만, 생각해 보니 밀폐된 현대식 건물이 아니었음을 다행스럽게 여겼다. 잠을 깨운 달빛과 꽃내음을 고맙게 여기며 매화를 노래한 소동파의 시구를 떠올렸다.

남해의 신선이 사뿐히 내려와
달밤에 흰옷 입고 와서 문을 두드리네

옛 선비의 풍류는 짐작만 할 뿐, 내 가슴에 고인 그 시정을 읊지 못하는 애석함으로, 새벽이 다하도록 매화나무를 바라보며 창가에 앉아 있었다. 아쉽지만 옷에 밴 향기와 달빛을 안고 돌아왔음을 만족하기로 했다.

이튿날 아침 식탁에 앉은 남편은 여관 주인에게 매화나무 칭찬을 아끼지 않았다. 그리고는 이것저것 내가 궁금해하는 것들을 물어주었다. 이야긴 즉 이러했다.

그 마을에 사는 처자와 혼인을 한 가난한 젊은이가 처가에 와서 살고 있었는데, 새색시가 그만 병으로 세상을 떠났다. 딸을 낳으면 매화나무를 심자고 했던 언약을 떠올리며 열심히 일해서 모은 돈으로 작은 밭을 샀다. 그리고는 색시가 열일곱 해를 보낸 친정집에서 매화 한 그루를 가져와, 그 밭에다 심었던 것이다. 덧없이 피었다 지는 매화처럼 두 해를 살고 간 그녀를 기리며.

그날 이후, 매양 꽃 때가 되면 매화나무는 기약 저버림 없이 꽃으로 피어 그를 찾아오고, 그는 붉은 댕기를 꽃가지에 매달아 애끓는 정으로 그녀를 맞이한단다.

어젯밤 꽃가지에서 나풀대는 리본을 보았는데 바람에 날라 온 헝겊 조각인 줄 알았을 뿐 그런 사연이 있는 줄은 몰랐었다. 젊은이의 나이가 늘어갈수록 수형은 더욱 아름답게 다듬어지고, 꽃은 해를 거르지 않고 피고 졌다.

하루도 거르지 않고 와서 나무 둘레를 살피고 가던 그도 이제는 아흔을 바라보는 노인이어서 가끔씩만 다녀간다고 한다.

어디 늘 피어 있는 꽃과 견줄 수 있으랴. 다음 해를 기다려야만 만날 수 있을 것이니. 낙화를 바라보는 노인의 마음이 어찌 애달프지 않을까.

'매는 내 처요, 학은 내 아들'이라며 평생 매화와 함께 살았던 중국의 임화정처럼, 그도 아내를 기리며 매화를 바라보고 살았는지도 모르겠다.

다른 나무처럼 쉽게 번성하지 않으니 고귀하고, 꽃봉오리가 활짝 피지 않아 단아하며, 해가 갈수록 그루터기에 격이 생기고, 찬 서리 이겨내 묵은 가지에서 꽃을 피우니, 그 성정을 절개의 상징으로 여인들에 비유되었으니 그 옛날 시인 묵객의 마음을 끌었던가 보다.

옛 여인들 또한 매화를 새긴 매화잠을 머리에 장식하며 일부종사의 미덕을 지켰다는데, 그 매화나무의 주인도 그런 마음이 아니었을까.

마을의 어느 나무보다도 먼저 꽃 소식을 전한다는 그 매화나무는, 그녀를 기다리는 님에게 어서 오고자 매화 가지에 봄을 실어 달려오는가 보다.

그가 돌보지 않았더라면 밭 어귀에 서 있을 한 그루 흔한 나무였을 테지만, 그 사람과 만남으로 해서 매화나무에 사연이 깃드니, 이렇듯 만남이란 아름다운가 보다.

다시 봄이 오고 매화를 추억할 때면, 안방에 놓인 월매도月梅圖를 바라보며 그때의 매화나무와 가지에 매달린 꽃댕기를 떠올리게 될 것이다.

꽃 한 송이의 위로

사는 게 이만하면 되었다 싶은 때가 있다. 베란다 꽃밭을 바라볼 때다. 문을 빠끔히 열고 내다보면 찌든 삶 추운 겨울이 엿보이는 것은 어쩔 수 없지만, 거기에서 기쁨을 맛보며 삶을 살지게 누린다. 대자연 속에 펼쳐지는 봄날의 향연은 아니어도 좋다. 화사함으로 견준다면 어느 꽃밭과도 비길 바 아니다. 외기外氣에서는 봄 한 철이지만 우리 베란다에서는 한겨울에도 만발하는 꽃들이다.

일 년 내내 피고 지는 제라늄은 베란다의 효자동이다. 아홉 빛깔 꽃들이 알록달록 섞여 있는 모습들이 가히 무지개를 바라보는 성싶다. 찬바람이 일기 시작하면 양지바른 베란다가 온실인 양 사발만큼 커다란 꽃송이를 한껏 뽐낸다. 잇따라 아잘레아 일곱 가지 색깔이 여름 내내 부풀었던 꽃망울을 터뜨리면 호사스럽기 그지없다. 때맞추어 동백과 꽃분홍, 흰색 가재발선인장이 행여 질세라 기세등등하다.

창밖은 휘몰아치는 북풍한설이다. 추운 내색 않고 오롯이 꽃을 피우는 우리 집의 꽃들. 매운 추위에도 실온이 20도를 웃도는 베란다가 큰 공을 세우고 있다. 웬만큼 꽃들의 성향을 알게 되니 가족들이 함께 하는 크리스마스와 설날에 맞춰 개화의 성시를 유도하고 있다. 엄동설한에 꽃 잔치를 벌이는 우리 베란다는 하늘나라가 이리 아름다울까, 에덴동산이 이랬을까, 상상의 나래를 펴게 한다.

겨울 내내 베란다를 환하게 밝히던 꽃들이 하나둘 지기 시작하면, 서교동 단독에서부터 30여 년 함께 했던 산당화

와 철쭉, 영산홍 꽃물결들이 우리 집의 아름다운 봄을 완성한다. 밖에서는 그제야 꽃잎들을 터뜨리며 봄이 오고 있는 셈이다. 예쁘지 않은 화초가 어디 있으랴. 내 고달픈 삶의 길에 꽃만큼 대단한 선물이 또 없다. 저 꽃들이 내 곁에 있어서 언어이고 그리움이고 사랑이다. 뜨거운 가슴이고 눈부신 기다림이다.

때맞춰 물 주고, 가끔씩 저들에게 필요한 시비를 해줄 양이면 꽃들은 어김없이 제 몫을 다해준다. 수선화와 히아신스. 시클라멘들이 바싹 마른 구근에서 새움을 틔우는 모습은 놀랍고 신기하다. 사람들은 우리 집에 들렀다가 풍성하게 핀 제라늄 꽃가지를 꺾어간다. 매번 꺾꽂이를 하지만 우리 집에서처럼 탐스런 꽃송이를 볼 수 없다고 한다.

생각해 보았다. 내가 꽃나무들을 기른다고는 했지만 어쩌면 그게 다는 아니었음이다. 가끔 분갈이를 하며 작은 도움의 손길을 준 건 분명하지만, 집에만 있는 나를 안쓰럽게 여긴 하나님께서 나의 꽃들을 어여삐 길러 주셨다는 깨침이 왔다. 백 마디의 말보다 꽃 한 송이의 위로가 더 진한 메시지를 담고 있음을 순간순간 일깨워 주었다.

단조롭고 무미건조한 하루하루가 꽃나무들로 해서 정서의 윤기를 되찾을 수 있었다. 봄날 꽃잎 흩날리는 꽃비는 아니지만 아기자기 옹기종기 모여 피고 지는 꽃들에게서 위안을 받는다. 만일 베란다 꽃들이 내게 없었다면 그 지난한 병고 속에서의 나날을 어찌 견뎠을까. 아픈 사람 문병 오는 것도 한두 번이지 긴 세월 찾아 줄 사람이 얼마나 될까.

꽃으로 해서 마음 맞는 아파트 이웃과 교감하며 지낼 수 있음도 꽃의 덕분이었다. 그렇게 정성을 다해 꽃들에 마음을 쓰다가도 봄날 외기에서 봄꽃들이 한참 피고 있으면 내 안에 다소곳이 고개 숙인 꽃바람이 나를 흔들어댄다. 아프기 전에 만났던 꽃들과 조우하고 싶은 발싸심이다. 그 자리 그곳에서만 느낄 수 있는 정취이기 때문이다. 애써 흔들리는 마음을 다잡으며 내 앞에 있는 꽃들을 소중하게 바라본다.

몸을 부딪치며 꽃들과 맞닿아 지내다 보니 내 살붙이나 다름없다. 하루에도 몇 차례씩 둘러보는 내 발걸음 소리와 사랑이 깃든 내 손길이 닿은 때문이리라. 사람이 말이나 숨결로 서로의 존재를 확인하는 것처럼 꽃들은 서로의 향기와 색으로 대화를 나누지 않을까. 비록 꽃나무들이 내게 하는 말을 알아듣지는 못해도, 물을 주고 거름을 주며 그들을 사랑하는 것으로 내 마음을 전하고 있다.

헨리 데이비스 소로는 "꽃의 매력 가운데 하나는 그에게 있는 아름다움의 침묵이다"라 했고, 인도 시인 타고르는 "신은 큰 왕국에서는 싫증을 느끼지만 작은 꽃에게서는 결코 싫증을 내지 않는다."라고 했다. 시들어 가는 일상의 의욕을 회복하면서 이만하면 되었지 싶은 마음으로 오늘도 베란다 꽃들을 바라보고 있다.

나폴레옹과 제비꽃

브뤼셀에서 워털루Waterloo로 가는 버스를 탔다. 한적한 시골길에 접어들면서 후 두둑 빗방울이 듣는다. 앞 유리창의 와이퍼가 바쁘게 움직이면서 마주 오는 차 두어 대를 비킨 후에, 버스는 큰길 옆 작은 레스토랑 뒤편에 멈추었다.

주차장이라 하기에는 조금 엉성한 공지 한쪽에 자그마한 조상彫像이 서 있다. 이름이나 안내문도 따로 없이 서 있는 프랑스 군복 차림의 나폴레옹. 관광버스 사이에, 관광객 틈새에 있어서 그런지 파리에서 보았던 것만큼 힘차고 용맹스럽지가 못하다. 들이치는 비바람에 실그러져 보이는 그 옛날의 제왕은 1미터가 조금 넘는 작디작은 모습으로 먼 하늘을 향해 서 있다. 구름 낀 하늘이어서 그런지 그림자는 짧기만 하다. 그는 무엇을 바라보고 있을까.

'불가능은 없다' 고 호언하던 나폴레옹은 이곳 워털루 들녘에서 영국의 웰링턴 장군이 이끄는 연합군에 패했다. 격전지 자리에는 군데군데 구조물이 남아 있고 잘 가꾸어진 잔디만이 푸르러 지난날의 이야기는 귀설게 들릴 뿐이다.

맑게 걷힌 하늘에 구름이 덮인다. 6월인데도 옷섶을 파고드는 찬바람이 몸을 웅크리게 한다. 간간이 들려오는 음악소리가 있어 두리번거렸더니 길 건너편에 있는 전시관 스피커에서 행진곡이 울려나온다. 언덕으로 바람이 치불 때면 병정들의 구둣발 소리처럼 들리고, 바람이 멎으면 희미한 함성이 되어 하늘에 흩어진다. 마주 보이는 건물 벽에는 나폴레옹의 사진에 인쇄된 포스터가 붙어 있어 바람이 스칠 적마다 퍼르르 떤다. 되돌고 되나는 사람은 많아도 누구 하나 눈여겨보는 이가 없다.

워털루에 오기 며칠 전, 파리 루브르 미술관에서 〈나폴레옹 대관식〉이라는 그림을 보았다. 너비가 10미터나 되는 루브르 미술관에서 두 번째 큰 그림이다. 백여 명도 더 되어 보이는 사람들이 배경으로 서 있어 웅장하게 보일 뿐만 아니라, 화폭에 흐르는 빛에 따라 변화하는 낱낱의 얼굴 표정이 생동감 있게 그려졌다.

로마 황제밖에 쓸 수 없다는 월계관을 머리에 얹은 나

폴레옹. 그 뒤로는 어딘가 불안스럽게 앉아 있는 교황이 보이고, 나폴레옹은 또 하나의 관을 들고 서 있다. 그의 발아래 다소곳이 두 손을 모아 쥐고 무릎을 꾼 조세핀. 그들 두 사람이 입은 붉은빛에 금빛 수를 놓은 긴 가운은 화려함이나 장엄함이 그 큰 화면에서 역력히 드러나 보였다.

대관식이 있던 날, 카도릭 교회와 사이가 좋지 않던 나폴레옹은 그날을 기해 화해하고, 대관식을 주재할 교황 비오 7세는 자기 앞에 무릎 꿇을 나폴레옹을 생각하면서 식장에 나아간다. 그런데 교황이 씌우려는 왕관을 받아든 나폴레옹은 관중들에게 돌아서서 스스로 월계관을 자기 머리에 얹었다. 그리고는 조세핀의 머리에는 황후의 관을 직접 씌워준다.

루브르 미술관에 있는 그림은 바로 이 순간을 그린 다비드의 작품이다. 파리 시내 어디를 가도 크고 화려한 동상들은 나폴레옹과 관련된 것들이며, 곳곳에 있는 문화유적들은 그가 펼친 원정의 부산물이 아니던가. 그런데 오늘 그런 휘황한 빛과는 정반대인 패전지, 워털루의 몽생장Mont Saint Jean에 서있다.

빗줄기가 조금 그치는가. 큰길 쪽에서 버스 한 대가 들어와 주차장에 선다. 출입구를 빠져나온 사람들은 길 건너편 언덕을 향해 발길을 옮긴다.

끝없이 넓게 펼쳐진 들녘 한 모퉁이에는 흙을 돋우어 만든 피라미드 모형의 언덕이 있다. 200여 단의 가파른 돌층계를 오르면 꼭대기에 이르는데, 거기에는 돌로 만든 높은 단 위에 거대한 사자상獅子像이 있다. 주물鑄物로 된 그 사자상은 연합군이 나폴레옹 군대로부터 노획한 무기를 녹여 세운 전승기념물이다.

사로잡근 철책을 밀고 들어서니 뒷다리 사이로 꼬리를 감아 넣고 금방이라도 포효할 듯이 오연傲然한 자세로 멀리 프랑스를 내려다보고 있다. 비온 뒤끝이라 그곳 들녘은 보이지 않는다 해도 광활한 초원에 물결치는 바람은 한가롭기만 하다.

천천히 돌층계를 내려와 건물 모퉁이를 막 돌아서는데 풀 섶에 핀 제비꽃 몇 송이가 바람에 흔들린다.

나폴레옹은 제비꽃을 좋아했다고 한다. 엘바섬으로 유

배되어 가면서 제비꽃이 필 때 다시 오겠노라고 했던 그의 말은 널리 알려진 이야기다. 그 약속대로 파리에 다시 입성할 때는 제비꽃이 한창 피어 있었다. 그러나 워털루 결전이 있던 1815년 6월, 또 한 번의 패배를 겪은 그가 세인트헬레나섬으로 유배되면서도 다시 한번 제비꽃이 필 것을 가늠했는지.

그의 생애를 마치던 날 밤은 비바람이 몰아쳤다 한다. 더불어 영화를 누렸던 화가 다비드도 브뤼셀로 망명하여 죽었다 한다.

전시관을 둘러보고 밖으로 나왔다. 날씨는 다시 기운다. 버스 한 대가 사람들을 싣고 주차장을 떠난다.

지금은 풀 섶으로 넓어진 옛 전장 터는 양 떼와 소들이 풀을 뜯고 있다. 말없이 흘러가는 저 하늘의 구름처럼 오늘도 바람은 무심히 지난다. 그 옛날에도 지났을 바람이.

버스에 올랐다. 곧이어 출발한다는 안내 방송이다. 아까부터 쥐고 있던 손을 폈다. 벽걸이용의 작은 접시에는 말을 타고 달리는 나폴레옹의 얼굴이 선연하다. 창밖으로 사위의 푸르름 속에 서 있는 조상은 점점 멀어져 가고 있었다.

산당화에 저녁노을

"야야, 그 꽃 있지야. 니 목도리로 폭신 싸안고 온 꽃 말여."

"……."

"아, 그 발그스레하니 매화꽃같이 생긴 꽃, 싸락눈 내린 날이여. 생각 못허것어?"

"응, 그것…."

나는 짐짓 말끝을 흐린다. 대수롭잖은 일이라는 듯, 기억에도 없는 것처럼 어물쩍 넘기면서도 문득 가슴 두근거림으로 얼른 자리에서 일어났다. 그리고는 열린 문을 닫는 척하며 날씨 이야기로 화제를 돌렸다.

긴 설명이 없다고 어찌 그 꽃나무를 잊었으랴. 가슴에 작은 파문이 일게 했던 그 일들을. 그새 다 잊었느냐고 다그치지만, 생각 없이 앉아 있는 내 표정에 어머니는 오히려

다행스러워하는 기색이다. 자리에 누우신 어머니는 물끄러미 천장을 바라보더니 아무래도 그 이야기를 마무리 지어야겠는지 천천히 말을 이었다.

"그때 섭섭했지야. 에미한테 성깔 한 번 부린 일도 없이…."

팔을 뻗어 더듬으신다. 내가 슬며시 손을 드밀었다. 꼭 쥐는 손길, 가녀린 손마디에서 전해지는 온기가 내게 진한 감동을 전한다. 팔순의 어머니가 중년을 넘어선 딸에게 지난날, 그 싸락눈 내리던 날을 떠올리며 그때의 일을 끄집어내신다.

기차가 플랫폼에 들어와 선다. 내리고 오르는 사람들 사이를 헤집고 꽃분花盆을 안은 젊은이가 객차에서 내려 두리번거린다.

"봄도 아닌데 어디에서 이런 꽃이…."

말끝을 마무리기도 전에 기차가 다시 움직인다. 서둘러 기차에 오른 젊은이는 차창 밖으로 얼굴을 내밀고 손을 흔든다. 그 모습이 시계에서 멀어져 간다. 30년도 전, 서울행 풍년호가 전주역에서 잠깐 정차했을 때의 일이다.

꽃분을 안겨주고 되짚어 기차에 오른 젊은이를 나는 그

해 여름 처음 만났다. 몇 번 편지를 보내왔지만, 어머니의 언짢으신 기색 때문에 답을 못하고 지냈다. 대학 졸업을 며칠 앞둔 그날, 역에서 만나자는 엽서를 받았다. 엉겁결에 꽃을 받아들긴 했어도 집이 가까워질수록 걸음이 더디어졌다. 꽃분의 무게가 점점 마음에 실렸다.

산당화는 비록 떨기는 작지만, 빼곡히 달린 꽃망울들이 막 피어나기 시작했다. 찬바람이 시린 듯 가지 끝에 움츠리고 있는 꽃망울도 있었다. 더러는 벌써 진홍으로 벌고, 더러는 피어날 채비를 하면서 망울을 부풀리고 있었다. 그 화사함이 꼭 그날의 노을빛을 닮고 있었다. 운두가 낮은 사기 화분에 앉힌 도드라진 밑동, 더께진 이끼의 푸르름, 운치 있게 다듬어진 고풍스런 가지 뻗음. 한두 해 예사롭게 간수한 나무가 아님을 첫눈에 알 수 있었다.

꽃분을 받아 든 어머니는 반색을 하면서도, 의아해 하는 눈빛으로 나를 바라보시더니 이렇다 저렇다 내색 없이 화분을 마루 한쪽에 내려 앉히셨다. 나로서는, 꽃을 귀히 여기는 어머니지만 뜬금없이 안고 들어온 산당화가 그리 반갑지 않으실 거라는 짐작이 갔다.

산당화는 내게 그렇게 왔고 봄이 이울도록 꽃을 피웠다. 연둣빛 잎새도 가지마다 무성했다. 그 잎들의 짙푸름과 함께 여름은 또 다른 소식을 가져왔다. 오라버니가 미국으로 유학을 가게 된 사실로 인해 집안의 움직임에 변화가 일고 있었다. 나의 혼담이 오갔고, 내 사진이 이미 남자 쪽 집안에 보내어졌다는 것도, 오라버니가 출국하는 날에야 알게 되었다. 김포공항에서 만난 그 사람은 우리 집에도 두어 차례 왔었다는 데 도무지 나의 기억엔 없었다.

지금처럼 쉽게 오가지 못하고 4년이 지나야 돌아올 수 있는 오라버니는, 아버지가 안 계신 집에 막내 여동생을 남겨두고 가는 일이 마음에 걸렸으리라. 양가에서 이미 정한 일이니 어머니 말씀을 따르라는 당부를 남기고 오빠는 비행기에 올랐다.

뜰에 찬바람이 머물면서 산당화 가지도 잎을 다 떨구었다. 서늘바람 일어 시작한 병풍 수놓기가 웬만큼 모양을 갖추어갔다. 수본繡本을 따라 바늘을 옮기면, 그것은 꽃이 되고 새가 되고 나무도 되었다.

산당화 꽃무늬를 짐짓 그려보았다. 어찌 색실을 챙기다가, 피로한 눈을 쉬일 겸 먼 하늘이라도 바라볼 때면, 안방에서 재봉틀을 돌리던 어머니가 곁으로 오셨다.

몸가짐이나 마음 씀을 허투루 해서는 아니 되니라. 손놀림 하나에도 순서가 있고, 수실을 잡아당김도 팽팽히 하지 않으면 수가 곱지 않지. 바늘 끝 한 땀 한 땀, 정성을 담고, 색실 한 올 한 올에 마음을 담아야만 살아 움직이는 고운 수가 된다고 일러주셨다.

산당화 꽃분이 안방으로 옮겨지면서 뜰에는 눈 쌓이는 날이 거듭되었다. 여덟 폭 병풍도 제 모습을 드러냈다. 양지바른 안방에 놓인 산당화가 봄을 먼저 맞고 싶었는지, 아니면 떠날 날을 받아놓은 내게 다시 한번 꽃을 보여주고 싶어 그랬는지, 가지마다 꽃눈을 부풀렸다.

두 개, 세 개…. 손가락 끝으로 가리키고 세면, 꽃이 피기 전에 진다는 말이 생각나서 아침이면 눈으로 더듬었다. 그리고 새로 맺는 작은 꽃눈도 앞 가지와 옆 가지에 몇 개씩인지 세었다. 어린애 젖꼭지만 한 앙증스런 꽃망울이 하루가 다르게 붉어졌다. 며칠만 더 지나면 두어 송이 꽃을 볼 수 있으려니 여겼다.

수놓기를 끝내던 날, 표구점에 맡기고 돌아오니 산당화

화분이 간데없었다. 어머니께 여쭐까 안방 문고리를 잡으며 머뭇거렸다. 언뜻 뇌리를 스치는 느낌이 있었다. 꽃 맺음을 반기는 내 표정에서, 물을 주고 간수하는 내 손놀림에서, 어머니 나름의 염려가 드신 것이리라. 그리하여 약혼식 날 전에 마침내 그 화분을 치우셨음이다.

봄이 오기 전 꽃이 피기를 기다린 나와, 언제쯤 화분을 치울까 궁리하신 어머니. 그 후로 산당화를 더는 만나지 못했다. 꽃부리나 가시 돋친 잔가지, 잎새가 비슷한 나무는 흔하게 보았어도 진홍으로 불타는 산당화랑 같지는 않았다.

지난해 봄, 시댁에 내려갔다가 놀빛으로 타는 산당화를 이웃집 토담 너머로 보았다. 꽃샘잎샘에도 끄떡없이 둥그런 꽃봉오리를 열어 보이고 있었다. 조금 오목한 홑겹 다섯 장 꽃잎이 가지런히 혹은 비딱이 가지를 푹 싸안듯 피어 있었다. 반가웠다. 갑자기 예전의 그 순간으로 되돌아간 듯.

세월의 잔해가 드리운 그때까지도 그 꽃은 잊히지 않았다. 궁리 끝에 남편에게 도움을 청해 그 떨기를 분양받았고 토분에 심었다. 뿌리를 새로이 내리느라 시나브로 몸살을 하더니만 이 겨울 쌀알만 한 꽃눈을 부풀리며 베란다를 지키고 있다.

그때가 어제만 같은데…. 하시던 어머니도 세상을 뜨셨

고, 나도 이제 초로의 길목에 서 있다. 옛날의 그만한 나무는 아니어도 꽃망울 맺힌 가지를 내려다보며 만개할 그날을 못내 기다린다.

아름다운 뒷모습, 로스트로포비치

즐겨 듣는 음악이 있다. 바흐의 첼로 모음곡이다. 오랜 시간 가까이하다 보니 좋아지기도 했지만, 그 음악을 새롭게 만난 계기가 있었다.

여러 해전, 러시아 태생인 로스트로포비치의 첼로 연주회가 예술의 전당에서 있었다. 예정된 순서를 마친 그는 청중들의 끊임없는 박수에 답하는 앙코르곡을 들려주기 위해 다시 무대 중앙에 섰다. 바른 손에 들고 있는 첼로를 다른 손으로 바꿔 드는가 싶더니, 좀 전까지 앉아 연주했던 의자를 번쩍 들어 청중을 뒤로하고, 무대 뒤쪽이라고 하는 합창단석을 향해 그 의자를 내려놓는다. 그런 뒤 콘서트홀을 가득 메운 청중을 향해 허리를 굽히며 마주하지 못하고 뒤돌아서 미안하다고 양해를 구했다.

당황한 젊은 피아니스트는 재빠르게 몸을 움직여, 그랜

드 피아노를 무대 뒤쪽을 향해 돌려놓으려고 밀기 시작했다. 그러자 로스트로포비치는 팔을 내 저으며 피아니스트를 그냥 그 자리에 있게 했다. 무대에서 그런 일이 벌어지고 있는 동안 청중들은 우레 같은 박수를 보내고 있었다. 아름다운 뒷모습에 대한 갈채였으리라.

피아노의 전주가 울리고, 지그시 눈을 감고 앉아 첼로를 껴안고 있던 그는 합창단석에 앉은 청중을 바라보며 연주를 시작했다. 좀 전에 들려주었던 바흐의 무반주 첼로 모음곡을. 무거운 분위기로 가슴을 파고드는 그 선율은 오래전에 읽었던 신문 기사를 떠올리게 했다.

일본에서 지진으로 희생당한 고인을 위해 추모음악회가 열렸을 때의 이야기다. 로스트로포비치는 우리에게 들려주었던 바흐의 무반주 첼로 모음곡을 그때 일본에서도 연주했었다. 무대 조명도 켜지 않고 어둠 속에서 그 곡을 연주했으며, 연주가 끝났을 때도 박수를 치지 못하게 했다는 기사를 읽었을 때 큰 감동을 받았다. 슬픈 사람을 위해 연주했다는 그가 우리 무대

위에서는 그런 사람이 없어서였는지 박수를 못 치게 하지는 않았다. 그리고 일부러 불을 끄지도 않았다.

그는 오래전에 베를린 장벽 붕괴 축하 연주와 소련 쿠데타를 반대하는 연주를 하기도 했다. 그렇게 음악을 통한 평화의 메시지를 전해주어 우리 마음을 훈훈하게 해주었다.

생각 속에 잠겨 있다 보니 무대에서는 어느 사이 세 번의 앙코르 연주가 끝나고 사람들은 기립박수를 보내느라 자리를 떠나지 못했다. 열정적인 연주 탓인지 조금은 비틀거리는 걸음으로 피아니스트의 부축을 받으면서 무대 뒤로 사라진다. 천천히 손을 흔들면서.

젊음이 넘치던 날부터 칠십이 넘어 머리가 하얗게 센 오늘까지 연주해온 마에스트로. 주름이 깊은 손가락은 앞으로도 건강이 허락하는 한 현을 울리리라.

아주 오래전에도 그의 내한 연주회에 간 일이 있다. 예술의 전당이 세워지기 전이었으니 그의 나이도 50대였을 것이다. 요즘처럼 세계적인 대가가 자주 오는 때가 아니었기에, 소중함도 더 했다. 그때 함께 간 딸아이는 바이올린을 공부하는 여학생이었고, 우리가 앉은 자리는 연주자를 가까이서 볼 수 있는 앞자리였다. 연주자의 활이 첼로의 네 현을 오르내릴 때마다 긁혀지는 소리와 함께 숨을 몰아쉬던 딸아이는 연주가 끝나 홀을 나올 때, 소리 없이 눈물을 흘리더니만 나중에는 큰 소리로 울고 있었다. 떠밀려 나오는 사람들 속에서 어쩔 줄 몰라 당황했던 나는 곧 그 애의 감성을 이해할 수 있었다.

연주가에게서 받은 감동을 울음으로 나타내던 딸아이는 여학생 때처럼 그날은 눈물을 흘리지는 않았다. 그 옛날의 감성이 아니라고 그때의 감격을 느끼지 못해서라고 말할 수는 없으리라. 그동안 많은 연주회를 접하기도 했고, 살림하는 생활인어서도 그럴테지만 로스트로포비치의 남을 배려할 줄 아는 마음, 그가 나누어준 인정이 더 큰 감동으로 가슴을 적시었을 것이다.

요즘에도 가끔씩 예술의 전당 콘서트홀을 가거나 바흐의 첼로 모음곡을 들을 때면, 그날 밤의 연주회를 떠올린다. 음악을 사랑하지만 값비싼 회원권보다는 값이 저렴하고, 어느 좌석보다 지휘자의 얼굴 표정을 낱낱이 느낄 수 있는 합창단석이다. 가까이서 연주를 확실히 들을 수 있기에 즐겨 찾는 무대 뒤쪽 그 자리. 불과 몇 미터 앞에서 얼굴을 마주하고 연주하는 노대가를 바라보며 기쁨을 감추지 못하던 우리 아이들과 나, 그리고 합창단석에 앉은 많은 사람들.

그날 밤 그곳에 있었던 청중들도 지금 나처럼, 가슴속에

한 폭의 그림을 간직하고 있으리라. 돌아앉은 연주자의 그 아름다운 뒷모습을. 그래서 첼로의 여운, 그 넉넉한 음색으로 젖어드는 낮은 소리의 이야기를 떠올리리라.

꽃잔치

지난여름 친구의 개인전 오프닝에 가려고 집을 나섰다. 지하철을 타려면 큰길로 가는 것이 빠르지만, 여름이면 늘 그러듯이 주택가 골목길로 들어선다. 그 길은 우선 담 그늘로 해서 시원하고, 또 울타리 사이나 그 너머로 눈요깃거리가 많아서다. 손질이 잘 된 정원수 가지 펼침을 쳐다보기도 하고, 모양새 좋은 꽃나무들을 기웃거리는 재미도 있다.

그렇게 몇 집을 지나다가 습관처럼 발길이 더듬거려지는 곳이 꼭 한 군데 있다. 자그만 단층집인데, 그에 걸맞게 나지막이 두른 울타리에는 빨강과 노랑 덩굴장미가 잘 손질돼 있다. 그리고 옆집 담에 기대선 해바라기는 줄줄이 키재기를 하고, 뜰 안쪽으로는 별 야단스럽지 않게 계절 꽃들이 올망졸망하다. 대추나무와 납작한 감이 붉게 익는 감나무는 가을을 기다리며 짙은 그늘을 드리운다.

골목이 끝나는 지점에서 오른쪽으로 돌면 분리수거를 위한 쓰레기 하치장이 있다. 그곳에는 잡다한 허섭쓰레기에다가 이따금은 덩저리가 나가는 가전제품 따위가 쌓인다. 청소차가 제때에 치워주면 몰라도, 때로는 처진 쓰레기로 해서 눈쌀이 찌푸려지기도 하는 터다.

그날따라 밀린 오물들이 풍기는 악취에 쫓겨 잰걸음으로 벗어나려는데, 그 어귀에 있는 꽃더미가 옆 눈으로 들어온다. 버려진 화환이다. 그것도 두 개씩이나 어긋매끼로 넘어져 있다.

멈칫 섰다. 삼 단 높이로 꾸민 커다란 화환에는 울긋불긋한 색깔의 꽃들이 사철나무 잎새 사이에 꽂혀 있고, 푸른 잎 사이엔 '축 개업'이라 쓰인 리본이 매달려 있다. 더러는 흩어져 뭉개졌어도, 큰 덩치는 멀쩡하다.

방앗간을 지나는 참새마냥 맘은 그리로 끌리는데, 전시장에서 기다리고 있을 친구를 떠올리며 바삐 지하철역으로 향했다.

하나, 둘, 층계를 내려섰다. 뭔가를 잊고 나왔을 때 느끼는 미진함이 있다. 가끔 지갑을 잊고 나왔다가 낭패를 당하는지라 다시 더듬으니, 핸드백 속에 지갑은 분명 있다. 그런데 자꾸만 뭔가가 내 뒷머리를 잡아당긴다. 층계참에서 엉거주춤 망설이다가 홱 돌아섰다.

"그래, 이대로 갈 수야 없지."

밖으로 나와서 왔던 길을 되짚었다. 좀 전에 골목길로 들어서는 청소차와 마주쳤는데… 그 꽃, 버려진 화환이 실려가기 전에 가야 된다.

"아! 꽃, 꽃이 있다."

마침 차에서 내린 미화원들이 쓰레기를 막 싣고 있다.

"아저씨, 이 화환 꽃을 제가 가져가면 안 될까요?"

다 시든 꽃을 어디다 쓰겠냐면서도 고개를 끄덕인다. 분홍색 글래디올러스는 벌써 시들었고, 대궁이 굵은 국화도 고개를 떨구고 있다. 다행히 거베라는 줄기에 가느다란 철사가 꿰여 있고, 송이마다 플라스틱 싸개로 받쳐 있어 꼿꼿해 보인다. 땅바닥에 흩어진 것들은 상했어도, 화환 틀에 남아 있는 것들은 건질 수 있겠다.

한낮의 볕은 뜨겁다. 30도를 웃도는 한여름 뙤약볕이 오죽할까. 얼마나 더웠느냐고, 꽃 송이송이에 맘을 전하면서 재빠르게 손을 놀려 그것들을 뽑았다. 손이 하나 더 있었으면 싶다.

얼굴에선 땀이 물 흐르듯 한다. 아래쪽에 있는 꽃을 다 뽑았을 때 미화원 한 분이 내 손이 닿을 수 없는 위쪽의 것을 거들어준다. 물에 담그면 되살아날 거라는 내 말에 빙긋 웃기만 한다.

바닥에는 꽃이 점점 많이 쌓인다. 욕심껏 추려내기는 했지만, 집으로 나르는 일이 수월찮겠다. 손등으로 훔치지만, 눈이 따갑도록 땀은 자꾸만 속눈썹으로 흘러든다. 외출복

차림으로 쓰레기장에서 꽃을 줍고 있는 모습은 누가 보아도 우스웠을 것이다.

수북히 쌓인 꽃을 한 번에 옮기지 못해 아름 가득 두 번이나 날랐다. 세숫대야 세 개에 담그고도 그릇이 모자라, 김장 때 쓰는 물통을 더 꺼내왔다.

30분쯤 지났을까. 고개 숙였던 꽃들이 얼굴을 들고 방긋 웃는다. 꽃병 · 수반 · 옹가지, 동그랗게 입을 벌린 그릇은 모두 꽃병이 되었다. 거실 · 부엌 · 화장실… 온통 꽃잔치다. 집안 곳곳에다 빨강 · 노랑 · 분홍 물감을 뿌린 것 같다.

누구를 불러 이 기쁨을 나눈담. 누가 있어 나한테 이토록 많은 꽃다발을 줄 수 있을까. 식구들을 깜짝 놀라게 해야지.

방에 들어와 거울을 보니, 볕에 익은 내 얼굴이 꽃만큼이나 벌겋다. 근사한 외출복이 땀투성이로 구겨지고, 스커트 앞자락은 알록달록 꽃 물이 들었다. 어느 화사畵師가 이토록 멋있는 얼룩무늬를 그렸나.

거실에 나와 꽃들을 둘러보니, 설령 얼룩진 채 입는다 해도 그리 흉하지는 않겠고, 그 옷을 입을 때마다 이 여름을 추억하며 미소 지을 거라는 속삭임이 들리는 것 같다.

저녁이 되어서야 낮에 못 만난 친구에게 사과 전화를 했다. 그리고 꽃 줍던 사연도 빠뜨리지 않았다. 되레 더위 먹지 않았느냐는 걱정을 들으면서 수화기를 놓았을 때, 수많은 꽃 친구들이 나를 향해 일제히 박수를 보낸다.

이렇듯 약속과 꽃잔치를 맞바꿈으로써 지난여름 일주일 동안 우리 집 거실은 꽃의 화가 〈르동〉의 캔버스였다. 전시회를 끝낸 친구가 집에 왔을 때까지도 그 꽃들은 시들지 않고 있었다.

꽃은 언제나 나를 바보로 만든다.

제비꽃 이야기

오가는 길목에 작은 꽃가게가 있다. 그 앞을 지날 때면 그냥 지나치지 못한다. 오늘도 그랬다. 수줍은 듯 다소곳하게 고개를 숙이고 있는 제비꽃 한 송이가 발길을 멈추게 한다.

한참을 들여다보고 있었더니 마음에 들면 가져가도 괜찮다면서 꽃가게 주인이 빙긋이 웃는다. 엊그제 고향을 갔다가 밭고랑에 핀 작은 꽃이 하도 고와서 두어 포기 옮겨왔단다. 멈칫거리는 내 손에 소꿉놀이에나 씀직한 앙증맞은 제비꽃 화분을 들려준다. 값을 치르려 하니 한사코 손사래를 친다. 마침 베란다에 심을 꽃모종을 들이려던 참이라 몇 가지 부탁을 하고 돌아섰다. 들녘에서 자라던 꽃이니 설령 시든다 해도 서운케 생각지 말라고 거듭 이른다.

제비꽃은 여느 꽃들처럼 꽃송이가 크다거나 화려하지도

못하다. 한 눈을 팔면 그냥 지나치고 만다. 꽃이라야 엄지 손톱 크기만 한데다가 우부룩하게 모여 있기보다는 다문다문 피어있어서다. 그런 제비꽃이 도시 가운데로 옮겨왔으니 반갑기만 하다. 눈을 떼지 못한 또 다른 이유는 여러 해 전 약초를 뜯으러 고향으로 내려간 일이 있었다. 약효가 좋다는 제비꽃을 찾으러 일삼아 다니던 때였다.

4월 중순이 좀 지났을까. 기왕이면 사람들 발길이 뜸한 곳을 찾아가느라 언젠가 눈여겨봐뒀던 윗동네로 가는 길이었다. 길 초입에 마침 시어머님 산소가 있어 무심코 올려다본 등성이에는 뭔가 낯선 모습이 눈에 들었다. 엊그제 쑥을 뜯으러 갔을 때만 해도 눈에 띄지 않았었는데, 궁금한 마음으로 등성이를 올랐다.

양지바른 봉분 옆으로 마치 커다란 바구니 하나씩을 엎어놓은 듯 둥그스름한 모양이 띄엄띄엄 있었다. 수 백 포기나 됨직한 제비꽃이 한데 어우러져 다보록하게 무더기를 이루었다. 한두 군데가 아니었다. 밤새 비가 오셨다고는 하지만 참으로 기이했다.

여기 한 포기 저기 한 포기 토담 밑에 피어 있는 그런 제비꽃들이 아니었다. 일부러 손공을 드려도 그리 소담스럽게 가꿀 수는 없을 것이다. 검불 하나 묻지 않은 짙푸른 잎새들이 튼실했다. 예사롭지가 않았다. 한 무더기를 캤더니 바구니에 가득 찼다. 여드레를 다니며 뜯었을 때보다 훨씬 많았다. 부자가 어디 따로 있을까. 욕심 같아서는 한 포기도 남김없이 다 내 것으로 만들고 싶지만, 나 아닌 다른 사람도 쓸데가 있으려니 싶어 얼갈이를 솎듯이 조금씩 돌려가며 뜯고 남겨두었다. 그래야 다음 해 그 자리에서 새순이 틀 게 아닌가.

하나하나 뜯은 제비꽃이 바구니를 채웠다. 꽉꽉 눌러봐도 더는 들어갈 자리가 없었다. 오달졌다. 허리도 펼 겸 손을 놨다. 잦아드는 햇살 아래 고즈넉한 정적이 흘렀다. 알 수 없는 것이 사람의 마음인가. 생각지 않은 횡재를 했건만 어쩐 일인지 가슴 한켠에 고여 있는 묵은 일이 아릿했다.

정월에 해산하고, 두어 달도 못된 아기를 데리고 시댁에 갔을 때였다. 진눈깨비가 날리는 산골바람은 을씨년스러웠다. 저녁상을 물린 뒤 아기를 눕히려고 아랫목에 이불을 펼 때였다. 시어머님은 이부자리라고도 할 수 없는 어린애 포대기보다 작고 다 헤진 것을 내게 던지며 "옛다, 널랑은 어린애 데리고 윗방으로 가거라. 애 오줌 싸면 이불 버린다. 애비는 오느라 고생했으니 아랫목에서 잘 것이고…." 머쓱했다. 어마두지 애를 안고 윗방으로 건너갔다. 썰렁했다. 아랫방에서 방고래가 잇달린 방으로, 아궁지에서 멀리 떨어져 불기운이 제대로 들지 않으니 냉골이나 마찬가지였다.

애기를 무릎에 눕히고 눈물바람으로 지새운 새벽녘, 몸의 추위보다 가슴속의 냉기가 나를 더 춥게 했다. 아침을 지으러 부엌으로 나갔지만 서러움이 복받쳤다. 아궁이에 불을 지피는데 삭정이가 제대로 안 타 불이 내었다. 부석부석한 얼굴은 바람 타는 아궁이 때문에 눈이 매웠다고 얼버무렸지만, 스물다섯의 내 가슴으로는 지난밤 무슨 까닭이었는지 짐작할 수가 없었다. 기저귀를 채운 아기였는데 어찌해서 요를 적신다고 하셨을까. 겉가량으로는 도무지 이해할 수 없었어도 세월이 가면서 어림할 수 있었으니, 외아들 며느리가 내리 딸 둘을 낳은 죄가 아니었을까.

끄느름하게 있었던 그 아픔이 바구니에 가득 담긴 풍성함을 보면서 얼었던 앙가슴이 사르르 녹아졌다. 내내 여울

져 흘러왔으니 오랫동안 지고 왔던 마음의 짐이었다. 해 저문 자락에서 무엇을 더 붙들고 있으랴. 새록새록 되살아나던 이런저런 아픔들도 가뭇없이 지워졌는데, 내려놓자. 그날 밤 홀대받던 그 갓난이도 불혹의 나이가 되어 알토란같은 남매를 건사하며 재미지게 살고 있지 않은가.

아랫목에서 유난스레 코를 골던 젊은 남자도 머리가 희끗해졌다. 언제쯤 갓난이가 있는 냉방에 들러 아기를 안아갈까 몹시도 기다렸지만 먼동이 틀 때까지 기척도 없었다. 시어머님도 생전에 못다 전한 마음을 제비꽃으로 대신 전하시었고….

봄바람이 삽상하다. 올해도 고향에 내려가서 그날처럼 제비꽃이 그리 소담스럽게 피어있는지 보고 싶다. 꽃가게 아주머니가 손에 쥐여 준 제비꽃을 다시 한번 들여다본다.

꽃물들이던 저녁

모처럼 날이 드나보다. 하늘이 환하다. 궂은 날씨 때문에 움츠리던 뜰의 꽃들이 활기를 되찾는다. 우중충하던 담장 밑 맨드라미가 한결 산뜻해졌다. 잎만 무성하던 분꽃 떨기도 노란색, 분홍색 꽃을 터뜨려 꽃밭이 싱싱하다. 분꽃 모종을 감나무 둘레로 옮길 때는 그늘질 것을 염려했는데, 오히려 감나무의 넓은 잎이 양산 구실을 했나 보다. 돌확 옆의 봉숭아는 반쯤 넘어져 안타까웠지만, 이제 꽃이 피고 있으니 괜찮을 것 같다.

우리 집 뜰에 자라는 꽃들은 제각각의 매력으로 한여름을 소담스럽게 수놓는다. 밥할 때를 알려준다는 분꽃의 소박함, 백날을 간다는 백일홍의 끈기, 잔망하지만 억센 생활력을 자랑하는 가지각색 채송화. 그런 가운데서도 봉숭아꽃이 필 때면 고향집이 생각나고, 어머니가 몹시도 그리워진다.

내 어릴 때 어머니는 노상 모시옷을 즐겨 입었다. 해 질 녘이면 옥색 치마랑 세모시 저고리를 꽃밭에 널어 둔다. 잘은 모르지만, 밤이슬에 젖어 촉촉해지면 올새를 고르게 하고 곱게 다림질을 하기 위해서인 성싶다. 저녁상을 물리고 토방에 내려가면, 마당 한가운데 놓인 평상에는 어느새 다림질이 끝난 옷들이 반듯하게 개켜져 있었다.

언니와 마주 앉아 다림질하는 어머니는, 가끔씩 평상 멀찍이 다리미를 들고 가서 사위어가는 숯불을 부채질한다. 재가 하얗게 날리면서 불잉걸이 되살아난다. 어둠을 배경으로 어머니의 얼굴이 붉게 비친다. 미처 사그라지지 않은 불티는 어머니 등 뒤에서 탁탁 튀며 별똥처럼 흩어진다. 화력을 되찾은 다리미는 다시 옷을 잡고 있는 언니 쪽으로 미끄럼을 타듯 오르내리며 어머니와 언니의 얼굴을 번갈아 밝힌다.

다림질이 끝난 후에 어머니가 들려줄 옛이

야기를 고대하며, 평상에 누워 바라보는 밤하늘에는 늘 별이 많았다. 금방이라도 쏟아져 내릴 듯 가깝기만 해서, 손을 뻗으면 정말 잡힐 것 같은 여름밤이었다.

언제 다림질을 끝냈는지, 어머니는 치맛자락으로 누워있는 나를 덮어 주고 부채질을 해주었다. 그게 좋아서 굳이 홑이불이 싫다고 어깃장을 놓기도 했다. 어머니의 냄새가 배어있는 치맛자락이 나만을 오롯이 감싸주는 때문이었으리라.

밤하늘의 별은 빈자리 없이 채워지고, 귓가에서 흐르는 꽃 전설은 졸음이 되어 귓불에 대롱거렸다. 그때 들은 봉선화 이야기가 아직껏 나의 심중을 울렁이게 하는 고전문학이었지 싶다.

옛날 우리나라 임금님이 나쁜 사람들 때문에 중국으로 끌려갔단다. 임금님은 다시 돌아오고 싶어서 날마다 잠 못 자던 어느 날 밤이었다. 손가락에 피를 뚝뚝 떨어뜨리며 가야금 타는 소녀를 꿈에 보았다. 꿈이 하도 이상해서 사연을 알아보았다. 그랬더니 그곳으로 잡혀온 우리나라 소녀 하나가 봉숭아물을 들이기 위해 손가락을 싸매고 가야금을 탔더라는 이야기를 전해 들었다. 그 소녀는 임금님이 이곳에 계시다는 소문을 듣고, 비록 자신은 못 돌아간다 해도 임금님은 무사히 돌아가시길 바라는 마음으로 밤마다 가야금을 탔다고 한다.

그 후 임금님은 고국으로 돌아오게 되었고 돌아와서 그 소녀를 찾았지만, 소녀는 이미 죽은 뒤였다. 임금님은 그 소녀의 갸륵한 마음씨를 기리기 위해 궁궐 뜰에 많은 봉선화를 심게 했단다.

봉숭아꽃이 피기를 손꼽아 기다리던 초여름, 작은 꽃망울이 연두색으로 부풀기 시작하면 내 마음도 덩달아 꽃술 벙글 때만을 기다린다. 부풀대로 부푼 꽃망울이 빨간 입술을 살며시 열면 가슴은 마냥 뛰었다.

꽃이며 잎을 따서 그늘에 말리는 어머니를 좇아다니며 나는 또 물었다. 빨간 꽃잎만 있으면 하지 파란 이파리까지 따느냐고. 어머니는 꽃만으로는 물이 쉬 빠지기 때문에 이파리를 섞어야 물이 진하게 들고 오래간다고 일러 주었다. 하지만 좀처럼 그 이치를 알지 못한 어린 나였기에 해마다 어머니를 곤혹스럽게 했을성싶다.

어머니는 이른 저녁을 끝낸 후, 미리 다져 놓은 꽃반죽을 손톱에 얹어놓은 후 어머니 손보다 더 큰 아주까리 잎으로 곱게 여며 실오라기를 둘러 꼭꼭 싸매주셨다. 잠자다 행여 꽃반죽이 빠질세라 양손을 곧추들어보지만, 허사라 어느새 잠들어 버린다.

새벽에 일어나 손끝을 만져본다. 지난밤 싸맸던 봉숭아 반죽이 얼마나 고운 물을 들려놓았을까 얼른 보고 싶어 아주까리 잎을 살짝 젖혀본다. 빨갛게 물든 손톱을 확인하는 순간 가슴이 마구 뛴다. 실로 묶었기에 가렵고 저린 손가락을 펴고 어머니를 부르며 쏜살같이 부엌으로 내닫는다. 시치미 떼고 두 손을 내민다. 어머니는 손가락마다의 실들을 올올이 풀어준 다음 해맑게 웃으시며 내 등을 토닥여 주셨다.

담 너머에 사는 명자에게 자랑하고 싶었지만 아직 해가 뜨려면 한참을 기다려야 했다. 나는 마당을 서성거리며, 아침 이슬이 함초롬한 봉숭아꽃과 내 손톱을 번갈아 들여다보고 또 보곤 했다.

어느덧 내가 그 옛날 봉숭아꽃 얘기를 들려주던 어머니 나이가 되어 내 집 뜰 의자에 나앉아 있다. 손가락에 무명실 메어주던 어머니 손길이 그립다.

두 딸은 손톱에 꽃물을 들여 주던 시절을 잊었는지, 매니큐어를 더 바친다. 훗날 그 애들도 어른이 되어서 뒤뜰에 심은 아주까리씨를 받거나, 울 밑에 봉선화를 가꾸며 한여름을 보내게 되려는지….

간밤에 비바람이 몹시 불더니 봉숭아 꽃잎이 많이 졌다. 꽃도 줍고 잎도 따서 옆집 애기엄마한테 전해 줘야겠다. 꽃물을 어떻게 들이는지 모를 테니까. 괭이밥 이파리 대신에 백반 가루를 넣고, 아주까리 잎이 없을 테니까 비닐로 싸매어 주면 될 것이라 넌지시 일러주려니.

2부

어머니를 그리며

어머니의 비단방석

옷장 깊숙이 넣어 둔 보퉁이를 꺼낸다. 보자기를 풀고 빛바랜 낡은 방석을 들여다본다. 다 헤진 비단 천을 어루만지며 어머니- 하고 소리 내어 불러본다. 집에서 흔히 볼 수 있는 네모진 방석이 아니다. 모서리가 여섯인 육각형으로 색색의 꽃 비단 조각을 이어 만들었다.

작은 손마디 두엇쯤 될까. 그런 크기의 정육각형 헝겊 하나에 다른 여섯 조각을 맞물려 꽃 모양으로 이어 붙였다. 노란 수술을 상징하는 꽃 한 송이를 중심으로, 모서리마다 활짝 핀 여섯 송이의 꽃이 육각형의 평면에 화사하게 모자이크 되었다.

어머니가 수십 년 갈무리했을 자투리나 헝겊 조각들과 가위 밥까지, 인두질로 구김살을 펴고 육각형 마분지로 본을 뜨고, 물색 천 하나하나를 가위질하셨다. 그러면 알록달록한 꽃 천 조각들이 어머니 치맛자락에 꽃잎처럼 하르르하르르 내려앉았다. 백여 조각이 넘는 조각들. 수 백 개의 면과 면을 낱낱이 포개어 꿰맸을 터이니, 바늘 끝도 수천 번 들고났으리라.

바늘이 굵으면 솔기의 올이 풀린다면서 수繡바늘로 홈질을 하셨다. 홈질이 끝나면 맞물린 솔기를 펴서 인두판 위에 얹고 화롯불에서 데운 인두로 꺽임선을 따라 인두질을 하셨다. 한 올이라도 틀어지면 여섯 모서리가 곱지 않다면서, 불과 2cm 길이의 수바늘 길이만큼 되는 천 조각을 잇고 또 이었으니 그 정성이 얼마나 컸으랴. 내가 도울 수 있는 것은 작은 바늘귀에 가느다란 명주실을 꿰어드리는 일

뿐이었다.

어머니가 비단 방석을 마름질할 때가 예순하나였다. 돋보기를 끼고 손바느질로 한 땀 한 땀 바늘을 옮겼다. 손쉬운 재봉틀 박음질을 어찌 모를까 마는, 손바느질을 해야만 여섯 모서리가 반듯하다고 하셨다. 행여 어느 한 곳 울기라도 할까 봐 이리 대보고 저리 맞추며 하루해가 저물었다.

각기 색깔이 다른 비단 조각들은 하루가 다르게 어머니 손끝에서 붉고 노란 꽃으로, 푸른 잎새로 피어났다. 반짇고리에 담겨있을 때는 한갓 헝겊 나부랭이었다. 낱낱의 조각들을 어머니 손으로 매만지니 자투리 조각들이 아름다운 예술품으로, 육각형의 수공예품으로 탄생하였다.

그 이전에도 어머니는 비단 방석을 만드셨다. 첫 번째는 언니 혼사 때였다. 또 한 번은 미국에서 오신 선교사님께 선물했고, 세 번째는 막내딸인 나를 위해서였다. 석 달 동안 지극 정성으로, 공들여 만든 그 소중함을 철없는 내가 어떻게 건사해야 할지 몰랐다. 누가 와서 곱다고 칭찬할 때면 그저 어깨만 으쓱거릴 뿐이었다. 단칸방에서도 늘상 윗목에 두고 아이들 낮잠 재울 때 베개로 쓰이기도 했다.

셋째가 초등학교에 입학한 어느 날, 어머니가 집에 오셨다. 큼직한 소파에 놓인 안감이 삐죽이 내비치는 헤진 비단

방석을 만지작만지작하며 물끄러미 바라보았다. 그리고는 비단 방석 위에서 낮잠 든 넷째를 바로 뉘위며,

"이렇게 험하게 썼냐. 에미 눈 어두워 어렵게 만든 것을…." 하고 어머니는 멍하니 창밖으로 눈길을 돌리셨다. 어머니의 그 말씀은 딸의 무심함을 일깨워 주셨다. 그때는 어머니가 칠십 중반을 넘긴 연세였다. 어머니 손에서만 수십 년 넘게 거두었던 모본단 헝겊을 함부로 굴렸으니 닳아져 헤질 것은 당연하다. 어찌 그 이치를 깨닫지 못했을까. 그날 이후 보자기에 고이 싸서 장 안에 깊숙이 넣어두었다.

이제 헤진 비단 천을 바늘로 꿰맬 수도 없고 기움질을 할 수도 없다. 비단 한 올에 막내딸의 앞날이 매여 있는 듯, 허튼 말씀도 매무새 흐트러짐도 없이, 성경을 읽고 기도드릴 때처럼 올곧게 정성을 다한 어머니.

한 땀 한 땀 바늘로 꿰매실 때마다 막내딸을 위해 얼마나 많은 기원을 하셨을까. 손끝으로 전하는 어머니의 사랑이려니. 그때의 어머니 모습이 아직

도 눈에 어린다. 비록 물색 곱던 빛깔은 바랬지만 그때의 정성 들인 어머니의 모습은 내 마음에 생생하게 남아있다.

40여 년이 지났으니 두툼하던 방석이 이제는 숨이 죽어 얄팍해졌다. 어머니가 세상 뜨실 무렵 아주 작아진 몸집이 이 방석 같았다. 크게 돋보임 없이 어머니는 있는 듯 없는 듯했지만, 내게는 어둠을 비추어 주는 환한 밝음으로 계셨다.

비단 조각 하나하나의 개체에 또 하나의 조각을 이어 붙이면, 둘이 되고 셋이 되어 꽃잎과 이파리의 형태를 갖춘다, 우리도 서로 보완하며 어울려야 삶이 조화로우리라는 것을 어머니의 조각 방석이 일깨워 주었다. 오늘처럼 가슴이 아슴아슴 저며 올 때면 비단 방석을 꺼내어 어루만져 본다. 그리고 꼬옥 안아본다.

종이학의 기원祈願

괌Guam 섬의 북쪽 제1번 순환도로를 끝까지 가다 보면 '이고(Yigo)'라는 곳에 이른다. 평화기념공원이 있다. 공원이라면 으레 푸른 숲이나 잘 가꾸어진 동산을 연상하지만, 이곳은 수목이 잘 자라서 보기 좋은 곳도 아니고, 호사스럽게 치장을 해서 눈길을 끄는 곳도 아니다.

객토하여 꽃밭을 가꾸었던 자리도 있고 구획을 하여 잔디를 심은 흔적도 있기는 하다. 하지만 남아 있는 것은 흡사 주인 없는 무덤에 성글게 자란 풀처럼 듬성듬성 말라죽은 자국뿐이다.

열대 지방에서 흔히 볼 수 있는 붉은색 하이비스커스 한 송이도 없는 곳이다. 나지막한 산자락 끝에 조형물 하나만 덩그러니 서 있다. 두 손을 모아 합장을 한 모습인데, 높이가 15미터쯤 될 것 같다. 평화 기념탑이라고 한다.

비바람에 군데군데 변색되었지만, 두 손을 모아 하늘로 솟구치는 모양은 간절하며 엄숙하기까지 하다. 주변이 허허롭고 볼만한 것이 없어서인지 가끔 지나가는 차량이나 눈에 뜨일 뿐, 인적은 드물다. 해를 바라보고 별의 속삭임을 들으면서 그저 두 손을 모으고 그렇게 서있을 뿐이다.

그 기념탑이 있는 자리는 태평양전쟁 때 미군과 일본군이 치열한 싸움을 벌였던 곳, 피아간에 발생한 주검은 헤아릴 수도 없었다고 한다. 전쟁이 끝난 뒤에도 근처를 지나는 사람 하나 없었고, 나뒹구느니 해골뿐이었다고 한다.

많은 세월이 지난 뒤, 죽은 병사들의 영혼을 달래기 위해 위령탑을 세웠다. 나무도 심고 꽃씨도 뿌렸지만, 화약과 쇳가루로 황폐해진 땅에서는 풀도 나무도 자라지 않았다. 그러나 어디서도 찾아볼 수 없는 인간애가 넘쳐난다. 위령탑은 아군과 적군을 가리지 않고 오직 '죽은 이'를 위로하기 위해서 세워졌다.

갑자기 강한 비트의 음악이 시끄러운가 싶더니 빨간색 스포츠카 한 대가 바람을 일으키며 내닫는다. 웃옷을 벗어젖힌 네댓 명의 젊은이들이다. 들녘엔 그들이 남기고 간 신디사이저 소리, 그 전자음과 흙먼지만이 서서히 내려 깔린다.

푸르기만 하던 하늘에 구름송이가 점점이 나타나더니, 이윽고 하늘을 가려 버린다. 빗방울 섞인 바람이 저만큼 언덕 아래 잡초에 나부끼더니, 다시 내 곁을 스친다. 산도 나무도 보이지 않는 허허들판에서는 바람도 쉴 곳을 찾지 못하는가 보다.

나는 위령탑 주변을 살핀다. 혹여 죽은 병사의 이름이라도 새겨 있지 않을까 싶어서다. 그러나 아무것도 없다. 만약 그들이 조상으로부터 물려받은 성씨조차 쓰지 못한 망국의 청년들이었다면, 이름이 남았다 한들 그것이 또 무슨 소용일까. 일본군으로 전사한 병사 가운데는, 분명 우리의 젊은이들도 있었을 것이다. 바지저고리를 입고 논밭에서 쟁기질을 하다가, 혹은 사각모를 쓰고 시를 읊거나 노래를 부르다가, 아니면 갓 시집온 어린 지어미 설움을 달래다가, 꼭 살아서 돌아오겠노라고 다짐한 이별들이 있었으련만.

다시 50여 년 전 전화戰禍가 할퀴던 때를 상기한다. 그렇지만 내 처지에서 아무리 미루어 생각한다 해도, 어찌 그

시대의 아픔을 고스란히 더듬을 수 있으랴.

지금은 안 계신 어머니는 가끔씩 당신의 막냇동생 이야기를 들려주었다. 내가 태어나기 전의 일이어서 그 외삼촌 얼굴을 친히 본 적은 없다. 하지만 자라면서 들은 이야기나 사진으로 본 얼굴이 하도 생생해서 늘 살갑게 느껴졌다.

징병으로 끌려가 남양군도南洋群島에서 죽었다는 이야기를 할 때마다 어머니는 먼 하늘을 바라보곤 하였다. 한숨 어린 눈에서 늘 별이 빛났다. 그 외삼촌은 어머니가 눈을 감으실 때까지도 스물한 살의 막냇동생으로 가슴에 남았고, 내 상상 속에서는 어머니만큼의 나이를 보태어 갔다.

외삼촌은 한 동네에서 가까이 지내던 규수와 돌아오는 대로 혼인할 것을 약조하고 떠났다. 수리치 절편을 만들어 봇짐에 싸 넣어 보냈는데, 가을걷이도 시작하기 전에 돌아온 것은 전사통지서였다. 방에서 아기에게 젖을 물리고 있던 어머니는 그만 아기를 방바닥에 놓치고 말았다. 그 아기가

바로 나였다면서 그 이야기를 할 적마다 내 뒷머리를 쓸어 주곤 하셨다.

혼인하기로 했던 규수는 더 이상 그 동네에서 살지 못했다. 규수는 마음을 떠나기 전날 밤 내 어머니를 찾아왔더란다. 잘 가라는 말 한마디 제대로 나누지 못하고, 손 붙잡고 입술만 깨물다 갔다고 한다. 어머니 손에 마지막으로 쥐여 주고 간 것을 펼쳐보니 어머니가 외삼촌 생일에 사준 만년필이더란다. 그 후 들리는 소문으로 그 처자가 죽었다고도 하고 나이 많은 댁 후실로 갔다고도 했다.

늘 눈물짓던 어머니도 나이가 많이 들면서는 담담하게 그 이야기를 들려주었다. 그리고 꼭 덧붙이는 끝말이 있었다.

"니 외삼촌 살았으면 꼭 나를 찾아 왔겄지, 이렇게 막막하기야 하겄냐?"

아무리 생각해도 종이쪽지 한 장으로는 그 죽음을 받아들일 수 없다고 했다. 부모님 일찍 여의고 큰 누님인 당신이 거두었으니, 그 가슴속이 오죽이나 아리었을까.

어머니가 지니셨던 빛바랜 사진도 없어졌지만, 외삼촌의 얼굴은 선명하게 되살아난다. 외삼촌이 죽은 곳이 괌 섬이었는지, 태평양 한가운데 어느 다른 섬인지도 모르면서, 어찐지 괌에 내리는 날부터 어머니가 하시던 이야기가 자꾸만 가슴을 울렸다. 하늘을 향해 두 손 모아 평화를 기원하는 조형물 앞에 서니 더욱더 숙연해지기만 했다.

검정색 나비 한 마리가 날아온다. 벨벳으로 만들어 붙인 듯한 날개가 참 곱다. 꽃도 없는 들판인데, 어디에서 날아왔을까. 앉을 곳이 없는지, 한참을 맴돌다 어디론가 날아가 버린다.

사방을 둘러봐도 들꽃 한 송이 보이지 않는다. 멀찍이 황토 흙이 허물어진 옆, 바람이 머물다 간 곳에서 들풀 한 움큼을 뜯어다가 위령탑 아래 놓고 종이학 하나 접어서 그 위에 얹었다. 고향 같으면 울어줄 두견새라도 있으련만. 나는 그냥 오롯한 기원을 담아 머리를 숙였다.

"이 땅에 다시는 전쟁이 없게 하소서."

피이스 메모리얼 파크!— 오늘도 그 탑은 평화를 염원하는 이들의 간절한 마음으로 우뚝 솟아 있으리라.

하늘나라 우체통에 띄우는 편지

어머니! 아침 신문에 하늘나라 우체통이 생겼다는 기사를 읽었습니다. 정말인가 싶어 몇 번이나 읽고 또 읽었습니다. 어머니께 편지를 띄울 수 있다니 이보다 더 기쁜 일이 있을까요. 저처럼 간절함을 전하고 싶은 사람이 많은가 봅니다.

어머니. 다시 봄이 왔습니다. 꽃 진 자리에 봄은 남듯이 풀 향기 싱그러운 오월이 오면 어머니 생각이 절로 납니다. 어느 때라 아니 그럴까마는 절기가 바뀌어 작은 쑥이 뾰조롬하게 고개를 내밀면 더더욱 어머니 생각이 납니다. 쑥 빛깔 치마에 미색 저고리 입은 모습이 부쩍 눈에 어립니다.

베란다에 핀 한련화를 보다가 문득 어머니를 그립니다. 절편 한 입 베어 물다가도, 맛깔스런 나박김치 솜씨를 흉내 내면서도, 삼짇날 진달래 화전을 부치면서도 어머니를 만납니다. 다 해진 모시 조각보를 펼치다가도 어머니를 떠올립니다.

저 시집올 때 챙겨주신 빨강치마 색동저고리랑, 옥양목 버선이며 앞치마랑, 속바지, 속적삼들이 반닫이에 그대로 있습니다. 비록 안 입고 있지만 아직껏 어머니 손길이 머물고 있습니다. 누런 당목을 냇가의 자갈밭 햇볕에 하얗게 바래던 일이 엊그제만 같습니다. 이리도 그리움으로 치닫는 소중한 추억들이 저의 손놀림에서도, 입맛에서도 느껴집니다. 어머니 손끝에서 매듭지어진 숱한 혼수들, 무진 세월이 지났기에 색이 다 바랬어도 그것들 한 땀 한 땀에는 추억이 생생하게 깃들어 있습니다.

일할 때마다 머리에 쓰던 흰 수건도 뚜렷하게 생각납니다. 새벽녘 소리 없이 일어나 예배당으로 향하는 어머니의 발걸음 자박거리는 소리까지 귓가를 맴돕니다. 하루 한 시 가슴속에서 떠나지 않는 어머니는 늘 제 마음을 다독여주십니다. 제가 성냄도

더디 하고, 어려운 이웃과 나누어도 보고, 성경 말씀에도 가까워지고, 엇비슷 어머니 흉내를 내어 봅니다. 어느 한 가진들 꼭꼭 닮을 수 있을까마는 어머니 음성은 늘 제 안에 살아있습니다.

5월의 푸름으로 다가오는 어머니, 수화기를 들다가도, 잘 잤니? 애들 잘 있고… 어머니의 음성인 듯해서 움찔 놀랍니다. 어쩌다 힘들어서 어-머-니- 불러보면, 잔잔한 목소리로 "사는 게 그런 것이려니 해라. 차츰 수월해질 거다." 하시는 듯합니다. 제가 힘들 때면 "괜찮아, 우리 막둥이! 괜찮아질 거야."라며 내 등을 토닥여주시던 어머니가 보고 싶습니다.

이름만 한 번 불러도 세상의 모든 아픔을 죄다 거두어줄 것 같은 그 이름 어머니! 이르시는 말씀 순종하는 게 전부라 여겼을 뿐, 용돈 한 번 드리지 못한 게 가슴에 멍울로 남아 있습니다. 가슴속에 쌓인 이 회한은 언제쯤 지울 수 있겠습니까.

"시어른 받들랴, 애들 돌보랴, 내 생각 할 겨를이 어디 있다고…."라며 한사코 뿌리치셨지요. 그 말만 믿고서 '그래, 다음에 하지, 다음엔 꼭 할 수 있겠지.' 그렇게 미루다가 어머니는 훌쩍 제 곁을 떠나셨습니다.

입던 옷 하나라도 살아 있을 때 남에게 주어야지, 항상 그러셨지요. 지닌 것이라고는 교회 가면서 입을 사철 옷 네 벌과 성경책 가방뿐 이었습니다. 그리고 군대 가 있는 손자 휴가 나오면 주겠다던 만 원 한 장이 접혀있었습니다.

내가 막내라는 이유로 무엇 하나라도 더 주고 싶어 애면글면하셨지요. 여러 가지 반찬과 철 따라 내 옷가지들까지 챙기셨습니다. 이 땅의 모든 어머니가 다르지 않겠지만 유독 어머니는 나를 챙기셨습니다. 나이를 먹어갈수록 어머니가 더 그리워집니다.

어머니 생전에 아끼셨던 히아신스가 어머니 떠나신지 서른두 번째 봄을 맞았습니다. 항상 어루만지시던 검정 오지 화분에 그대로 담겨있습니다. 식구가 많이 번성해서 다른 화분에도 나눴습니다. 어머니의 향기인 듯 올봄에도 그렇게 흠향하듯 바라봅니다. 줄기가 가늘고 꽃송이가 커서 넘어지겠다고 걱정하던 모습 떠올리며 해마다 지지대를 알뜰히 세워줍니다.

베란다에 가득한 알록달록한 꽃들 속에서 어머니 웃으시는 모습이 언제나 되살아납니다. 지금 계신다면 꽃들 잘 가꾸었다고 어루만져 주련만…. 하늘나라에서는 지겨운 두통도, 어두움도, 허약한 막내딸 걱정도 없으시지요.

봄빛 머무는 어느 하루, 미색저고리 입고 한나절쯤 다녀가실 수는 없을까요. 어머니 무릎에 얼굴을 묻고 실컷 울고 싶습니다. 카네이션 꽃 한 송이를 달아드리고도 싶어요. 우리 막둥아! 부르시는 그 애틋한 음성이 다시 듣고 싶습니다. 오늘도 부르고 또 불러봅니다. 많이 보고 싶은 어머니, 나의 어머니!

모란꽃 베갯모

우리 집 벽에는 자그만 모란꽃 자수 액자가 걸려있다. 발그스름한 모본단 바탕에 모란꽃이 수놓아져 있다. 들고 나며 그 꽃수를 보노라면 일찍 세상을 떠나 만나지는 못했어도 사진으로 보았던 다소곳한 언니 모습이 어렴풋하게 떠오른다.

어릴 때, 어머니는 장롱 깊숙이 소중하게 간수하시는 상자 하나가 있었다. 붉은빛과 남빛으로 된 고리 모양의 무늬가 엇물고 돌아가듯이 그려진 태극문양의 상자였다. 어머니는 가끔씩 그 상자를 열어 자수로 화사하게 장식한 수예품들을 한 가지씩 매만지다가 먼 하늘만 하염없이 바라보시곤 했다.

바늘쌈을 열어보시다가, 국화꽃이 수놓인 수저집을 어루만지기도 하고, 두루주머니의 남색 끈을 잡아당겨 오므리기도 하다가 다시 펼쳐서 매듭진 끈을 가지런하게 늘어뜨리기도 하셨다. 그리고는 두 손으로 골무 몇 개를 쥔 체 가슴에 대어보시다가 깊은 한숨을 내쉬었다.

어린 나는 쪼그리고 앉아 숨죽이고 있었지만, 알록달록 무늬진 버선 본집과 목단 귀주머니, 쌍희雙喜 자를 새긴 실패가 담긴 반짇고리가 여간 좋아 보이지 않았다. 어머니 등 뒤에서 넘겨다볼 때면 그 꽃수들이 하도 곱고 고와 나는 언제쯤 저렇게 수를 놓을 수 있을까 가슴이 뛰었다. 그렇게 비밀스런 상자를 꺼내 보는 날이면 어머니 얼굴에는 형언하기 어려운 그림자가 어렸다. 그 어두움을 아는 데는 한참 큰 뒤였다.

내가 태어나기 전 어머니는 열다섯 살 된 큰 딸을 잃었단다. 비록 내가 얼굴을 마주하지 못했어도, 가끔 이야기를 들어서 기억하고 있는 언니였다. 집안 어른들이나 어머니 친구분들의 말씀으로는, 어머니를 빼닮아 눈썰미가 빼어나고, 조신하고 순덕한 데다가 총기가 뛰어나 한 번 귀담아들으면 잊는 법이 없다고 했다. 사라분별 따라갈 어른 없어 이웃 간에도 예사로운 아이가 아니라고 저마다 탐을 냈다고 한다.

자수 솜씨 또한 요모조모 모양을 꾸며 꼼꼼하고 화사했

다. 해방 전이었으니 일본인 신문에 '나이 아홉 살 어린 손끝에서 범상치 않은 예술혼'이라는 기사와 함께 갖가지 수예품 사진들이 화보에 실렸다. 지금처럼 인쇄된 도안이 없으니, 언니 마음에 드는 사물이 있으면 그 물체를 종이에 그리고 다시 수본으로 옮겨 수를 놓았다.

눈에 넣어도 아프지 않을 그 딸이 여학교 때 장질부사로 세상을 떠났다. 그때 열다섯이었으니 다 자란 나이, 어머니는 커 가는 아들딸 둘이 있음에도 가버린 딸만을 생각하며 식음을 전폐했다. 그 이전에도 아들 둘을 콜레라도 잃었지만 떡애기 때라 정붙일 시간이 짧아선지 웬만큼 시름을 달랠 수 있었다. 그러다가 언니를 얻었고 용케도 무럭무럭 재바르게 자라서 열흘이 하루 같기만 했단다.

어느 말이 위로가 될까, 아픈 심정 옹이로 박힌 딸의 죽음을 문득 자다 깨면 암담한 어둠만이 닥쳐왔다. 날이 갈수록 불면의 늪으로 잠겨들다가 발걸음은 끝도 없는 허방을 헤매었으니. 그렇게 몇 달이 지난 후 어머니는 점점 배가 불러옴을 느꼈다. 이제는 죽을 때가 되었구나, 먼저 간 딸을 만날 수 있으려니 서서히 집안 정리를 했단다.

어느 날 아버지는 의사를 집으로 모셔왔다. 몇 달 지나면 새 아기가 태어나겠다는 말을 들었다. 그렇게 낳은 아이가 나였다고 한다. 내가 결혼 후 잦은 병치레로 어려움을 겪을 때면 어머니는 당신이 큰 잘못이라도 저지른 듯 늘 애를 태웠다. 나를 가졌을 때 일찍 서둘러 보약이라도 먹고 몸을 아꼈어야 했으련만, 섭생을 제대로 못한 것이 이제와서 딸이 겪는 아픔이려니 늘 안쓰러워하셨다.

우리 삼 남매가 다 큰 뒤에도 어머니는 가끔씩 그 언니의 나이를 세셨다. 지금 살았으면 몇 살인데… 어찌하여 불살랐던고, 찾아갈 묏등도 없으니… 가끔씩은 그렇게 한숨을 쉬셨다. 그 언니는 참 많은 세월을 어머니 가슴에 묻혀있었다. 어머니가 세상을 뜨신 뒤, 어머니가 소중하게 간직했던 그 유품들을 내가 간수하고 있다. 꽃수가 있는 골무와 바늘꽂이인 부전, 베갯모 등, 자잘한 소품들을 여태 가지고 있다. 나도 어머니를 만나듯 가끔씩 그 상자를 들여다본다. 그중에서 네모진 모란꽃 수 베갯모를 표구점에 맡겨 유리액자에 담아 벽에 걸어두고 있다.

열 살도 아니 된 나이였는데 비뚤어짐 한 군데 없이 그리도 곱게 수를 놓았을까. 바늘 끝에 실 한 올 한 올 꿰어 담아냈을 그 정성이 귀하기만 해서 언니를 본 듯 어머니를 만난 듯 그렇게 바라본다. 언니가 세상에 와서 남긴 유일한 증표가 아닐까. 비록 마주한 일 없어도 모란꽃수를 바라볼 때면 어린 나이의 언니가 그 꽃 속에 있는 것만 같다. 어찌 수놓인 꽃 잎뿐이랴. 꽃잎에 베인 향기도 있을 진데, 아지랑이 아른거리는 봄 햇살 내려쬐이고 새들의 고운 소리까지, 열다섯 해를 살다간 삶의 온기까지 담겨져 있으리라.

백여 년이 지난 지금, 인정도 변하고 풍경도 변하고 어머니도 가시었지만 언니의 모란꽃은 비단 색깔도 색실의 빛깔도 언니의 아홉 살 그 시절에 머물러있다. 내 부족한 어휘로 어찌 어머니와 언니 솜씨를 다 그릴 수 있을까. 가느다란 실과 바늘이 넘나드는 작은 우주. 아롱다롱 물색 고운 비단실을 꿰어 한 땀 한 땀 새기었을 꿈.

어머니의 손끝에서 펼쳐지던 실과 바늘의 세계가 그 언니에게로 이어지고 오늘을 살고 있는 나도 수놓기를 즐겨서 시집올 때 여덟 폭 병풍을 둘씩이나 만들었다. 어쩌면 어렸을 적 보았던 오방색 실의 신비로움이 눈에 어리어서일까.

부를 상징하고 기쁨을 나타내는 모란꽃과 나비를 수놓고, 장수를 상징하는 학을 그리며 기쁨을 더하라는 쌍희雙喜자를 아로새겼을 것이고, 수복강녕과 부귀다남을 가슴에 담고 정녕 먼 날을 기원했으련만, 열다섯 나이에 떠나리라 짐작이나 했을까.

오늘도 벽에 걸린 모란꽃을 바라본다. 눈에 가득 담아 보고 다시 보며, 가버린 언니와 안 계신 어머니를 그리어 본다.

어머니의 흔적

서교동 단독주택에서 아파트로 이사를 할 때였다. 짐 정리를 하다 말고 불가피한 외출을 해야만 했다. 돌아와서 보니 내 방이 말끔하게 치워져 있었다. 가슴이 철렁했다. 순간 짚이는 게 있어 집안일을 도와주는 아주머니에게 바닥에 있는 편지들을 어찌했느냐고 물었다. 마침 청소차가 왔기에 다른 쓰레기들이랑 모아서 버렸다는 게 아닌가.

눈앞이 캄캄했다. 어머니께서 주신 편지 다발이다. 삼십 년이 지나고 보니 색 바래 누렇게 된 허접쓰레기로 보였으리라. 일이 터진 것은 아침나절 장롱 서랍 정리를 하면서부터다. 이것저것 갈무리를 하다가 상자 속에 담긴 어머니의 편지를 손에 들었다. 빛바랜 편지들을 한 장 한 장 읽어가다 보니 편지가 오간 그 당시가 그립고 그립게 떠올랐다. 그러다 보니 정오를 기약했던 친구와의 약속을 그만 깜박

해버렸다. 친구의 전화를 받고서야 뒤늦게 서둘러 나가는 바람에 그만 이리 큰 사단이 되고 말았다.

가까스로 마음을 가라앉히고 먼저 동사무소에, 그리고 구청으로 전화를 했다. 우리 동네의 쓰레기를 어디에 버리는지 알아내기 위해서였다. 서둘러 난지도蘭芝島로 향했다. 난지도에 들어섰을 때는 해가 뉘엿뉘엿했다. 간간이 빗방울마저 뿌리고 있었다. 부랴부랴 난지도에 오기는 했지만, 저 너르고 너른 곳에서 어찌해야 할지 막막하기만 했다.

여기저기 쓰레기를 태우는 검은 연기가 주변으로 퍼지면서 코를 찌르는 매캐한 냄새가 진동했다. 참기 어려운 악취와 활활 타오르는 불꽃 속에서 어디의 누구에게 물어야 할지 가늠할 수가 없었다. 멀찌감치 불꽃으로 덮인 둔덕에 분주하게 움직이는 사람들이 눈에 들어왔다. 하지만 연기에 휩싸인 벌건 불길이 하늘 높이 치솟는 광경 앞이었다. 지옥불이란 게 바로 저러려니 싶어서 차마 가까이 다가설 수가 없었다.

지금이야 생태공원으로 고이 조성되어 있지만, 90년대 초 그때는 쓰레기 반입 트럭만 흙먼지를 덮고 와서 싣고 온 쓰레기를 와르르 쏟아붓고 갔었다. 그 큰 덤프트럭이 들어올 때마다 나는 허겁지겁 트럭 꽁무니를 쫓아가 어느 동네에서 왔느냐고 묻곤 했다. 그때마다 이상하다는 듯 내 모습을 훑어보기도 하고 "바쁘다"라는 한 마디 툭 던지고 휙휙 떠나버렸다. 몇 차례나 그 일을 되풀이하다 보니 날은 어두워지고 마음은 더없이 초조해졌다. 행여나 싶은 간절한 마음으로 불꽃 치솟는 그 둔덕을 향해 갔다. 마포 쪽은 벌써 끝났으며, 당일 반입물량이 더는 없다는 말을 듣고는 나도 모르게 풀썩 주저앉고 말았다. 어머니의 애틋한 마음이 스며있고 우리 가족들의 일상과 내 삶의 애환. 그 숱한 편린을 서리서리 묶은 소중한 다발을 다시 만날 수 없다니….

그날 이후로 가끔은 꿈을 꾼다. 벌겋게 타오르는 쓰레기 더미 사이를 헤집고 있는 내 모습, 어떤 날은 검은 연기를 뒤로하고 그 둔덕을 터벅터벅 내려오고 있는 내 모습, 애석함으로 망연자실 서 있는 나의 뒷모습들이다. 늘 어슷비슷한 모습이지만 허망하다 하여도 꿈일망정 안 꾸었으면 하는 바람은 없다. 악취 속에서 역겨운 줄도 모르

고 발이 쓰레기 더미에 빠져서 이리저리 해매이며 정신 못 차렸던 일을 아, 어찌 잊히랴.

살아오면서 어머니는 참 많은 편지를 내게 보내주셨다. 결혼 초에 갑자기 어머니를 떠나 강원도로 갔을 때부터였다. 하루가 멀다 싶게 보내오는 어머니의 편지가 낯선 타지에서의 외로움을 달래주었다. 어린 조카의 장난꾸러기 모습이며, 어머니를 찾아오는 내 친구들의 이야기, 내가 자주 걷던 거리의 풍경들을 자상하게 적어주셨다. 그런 일들이 그림처럼 눈에 어리어 차마 가누기 어려운 나의 일상을 살포시 다독여주곤 했었다.

내가 다시 전주로 가서 살게 되면서 어머니는 언니를 따라 서울로 떠나셨다. 절기와 시속이 담긴 편지가 이어졌다. 음식 솜씨가 남달랐던 어머니는 철이 되면 그때그때의 반찬이며, 명절 잔치 음식 종류. 장 담그고 젓갈 준비하는 것까지 깨알 같은 글씨로 적어 보내셨다. 수백 통의 편지에는 수백 가지가 넘는 먹거리들이 담겨 있었으니 어느 요리 백과에 비견하랴. 시부모님 생신은 물론 아이들의 생일이나 기념일까지 잊지 않고 일러주신 어머니. 늘 잔소리처럼 들었는데 요즘에는 그 말씀들이 새록새록 겨운 그리움으로 귓가를 울린다.

살아오면서 시린 바람 가슴에 스칠 때면 살며시 펼치던 어머니의 편지였다. 눈으로 읽고 있어도 생생한 음성으로 가슴속에 녹았었다. 어머니가 하늘나라로 가신 뒤에도 그 편지들은 보고 싶은 어머니의 대신이었다. 그런 어머니의 편지를 몽땅 잃어버리고 나서 못 견디게 절절한 때가 있었다. 암 수술 후 지독한 허리 통증으로 견딜 수 없었을 때, 어머니 손길이 간절했다. 가슴 에이게 보고 싶을 때도 어머니를 대신하던 편지마저 없고 보니 어이하랴. 때마다 어머니가 즐겨 부르신 찬송을 부르기도 했다.

* 내 주를 가까이하게 함은.
* 주 안에 있는 나에게 딴 근심 있으랴.
* 이 세상에 근심된 일이 많고 참 평안을 몰랐구나

눈물을 흘리며 한참을 그렇게 부르고 나면 어머니의 손길이 나를 어루만져 주시는지 살며시 아픔이 수그러졌다. 가끔은 나의 고통스러움보다 손에 닿을 수 없는 그 편지들의 주소가 나를 더 슬프게 했다. 소중하게 여기던 그림을 잃었다 해도, 아끼는 그릇들 모두 깨뜨렸다 해도 하마는 잊었으련만, 어머니의 편지에 대한 회한의 정은 내게서 가실 날이 아득하다.

세상에서 살고 있음은 영원하지 않으니, 나의 삶으로 오는 크고 작은 일들을 감사함으로 받아들여라. 나눔과 감사, 봉사와 섬김의 모양까지 일러주신 글귀들, 올곧은 믿음으로 지혜를 간구하라고 늘 편지 첫머리에 쓰셨고, 세끼 밥을 먹듯 성결 말씀을 거르지 말라 하신 어머니. 게으름은 용서치 않는다고 누누이 적어 보내셨다. 이제 어머니께 편지를 쓰고 싶어도 다시는 쓸 수 없고, 편지를 받고 싶어도 받을 수는 없다. 하지만 주신 말씀들의 메아리는 언제까지고 내 가슴을 울리리라.

난지도를 다녀온 얼마 뒤, 서울시에서 난지도에 생태공원을 만들어 서울 시민의 '내 나무' 심기 운동을 펼치겠다는 기사를 읽었다. 나도 어머니를 기리는 나무 한 그루를 심으리라 다짐했다. 어머니의 추억을 불태운 그 자리에 구덩이를 파고 뿌리를 감싸줄 흙을 뿌리고, 조심스레 두 발로 꼭꼭 밟

아 내 아픈 기억으로 메우고 싶었다. 한참 뒤 '내 나무' 심기가 무산되었다는 기사를 읽었다. 부풀던 기대가 또 가뭇없이 사라져버렸다. 애달프기 짝이 없었다. 버려진 땅으로 여겼던 난지도蘭芝島. 난초와 지초가 어우러진 아름다운 꽃섬이어서 붙여진 이름이었다. 한강 하류에 있다는 이유로 70년대부터 천만이 넘는 서울 시민의 쓰레기로 산을 이루었었다.

그날 이후, 강변북로를 지나면서는 난지도를 건성으로 지나치지 못한다. 삼십여 년 전 그때, 시뻘건 불꽃이 하늘 높이 치솟던 곳이었나 믿기지 않을 만큼, 비탈에 우거진 나무들이 더없이 푸르다. 항상 남을 나보다 낫게 여기라 하시던 어머니. 내게 남기신 흔적은 비록 한 줌 재로 스러졌지만, 무성한 나무들의 밑거름이 되었겠구나 싶다. 어머니의 가없는 사랑을 되새기며 오늘도 그 언덕을 우러른다.

아버지의 향기

그날도 꽃밭 손질을 하다가 손을 털고 일어나는 참이었다. 실바람에 풍겨오는 우련한 꽃내음이 가슴에 닿았다. 어디설까. 스치는 향이 하도 기이하여 집 밖으로 나와 이집 저집 기웃거려 보았다. 돌아설까 걸음을 멈추는데 맞은편 집의 담장 밖으로 뻗은 가지 사이로 유백색 꽃이 눈에 들었다.

아, 저기. 저녁놀에 물들어가는 골목 안에서 막 피어난 태산목 꽃송이를 만나게 되었다. 우두커니 서서 높은 담 너머를 하염없이 쳐다본다. 마치 어릴 적 옛집을 넘어다보듯이.

내가 유년 시절을 보낸 집은 마당이 넓었다. 대문 옆 토담을 끼고 서있는 살구나무에서 조금 떨어져 태산목이 자랐다. 봄을 지나 바람결이 다소 따뜻해지는 초여름이면 고동색 가지가 더욱 실팍해지고, 물이 오를 대로 오른 짙은 이파리들이 담 밖으로까지 제 풍성함을 자랑했다. 그런 다음에 그들 가지 끝에 깃봉처럼 탐스러운 꽃봉오리들을 달기 시작했다.

봉오리는 조금씩 부풀어 노르끼한 속살을 드러내다가, 어느 날 문득 두 손을 모둔 꼴로 살포시 벙근다. 그 모양새가 목련 비슷한데, 송이가 보다 크고 향기도 훨씬 짙고 그윽하다. 또 하나 목련과 다른 점은 목련은 이른 봄 잎이 돋기 전에 꽃을 터트리는데, 태산목은 푸른 잎에 윤기가 자르르 흐를 즈음에야 꽃을 피운다. 우윳빛 꽃을 피울 때면, 뜰 안뿐만 아니라 인근에 널리 은은한 향기를 전한다.

울안은 태산목 말고도 일 년 내내 차례차례 따낼 수 있는 과일나무며, 당년초나 여러해살이 꽃과 초목들이 마당을 차지했다. 아이들이 담장에 올라앉아 앵두나 자두 따위를 제 손으로 딸 수 있게 아예 담장을 낮추었던 아버지의 자상함.

손을 뻗어 줠 수 있게끔 잔가지를 아래로 처지게 키운 나무들에는 아버지만의 낭만과 배려가 담겼을 터였다.

이른 봄을 부르는 매화, 바람이 일 때면 눈발처럼 날리던 살구꽃, 오월이면 피기 시작하는 색색의 장미들. 대문에서 안채로 가는 목에 붉은 덩굴장미 터널이 지어져 있었다. 그 장미꽃 아치 그늘이 이따금 벌레가 떨어져서 어린 나를 놀라게도 했지만, 유일한 내 놀이터이기도 했다. 가을이면 마당 가득 가꿨던 소국, 중국, 대국, 현애 등, 여러 층의 탑 모양으로, 혹은 흘러내리는 폭포수처럼 그 자태를 뽐냈던 국화는 아버지의 자랑이었다. 어쩌다 국화 전시회를 갈 때면 여러 개의 꽃대궁이 키가 서로 가지런한가, 아래쪽 떡잎이 마르지 않고 본색대로 남아 있는가, 그렇게 더듬고 있으면 아버지의 음성이 귓전에 들리는 것만 같다.

충치 때문에 치과에 가기 싫다고 떼를 쓸 때마다 나를 업고 병원에 드나드신 일이며, 백일해를 앓아 자지러지게 기침할 때마다 선인장 즙을 내어 먹여주신 일. 소풍 갈 때면 보온병을 가슴 쪽으로 어긋나게 멘 후 나를 자전거에 태워

오고 가던 길목. 끝없이 이어지곤 하는 기억들이다.

아버지는 예순의 나이로 세상을 뜨셨다. 정읍 고부古阜에 있는 선산은 해 바르고 조망이 트여 눌 자리로는 나무랄 데가 없다고 하셨다. 그 아래 연지蓮池가 있어 누워서도 잘 보일 거라 하시더니 말씀대로 해마다 연꽃이 피는 여름이면 더없이 화사하다.

성묘를 갈 때마다 토몰방죽이 있는 산자락을 돌아설 때면 녹두장군의 이야기를 들려주시더니, 지금도 그 산모롱이를 지나면서는 그 옛날 아버지의 음성이 들리는 것만 같다. 아버지가 돌아가시고 세월이 바뀌면서 우리 집 뜨락의 번영도 헤실바실 해지고, 우리 가족들도 모두 그곳을 떠나오고 말았다.

요즘에도 가끔씩 유년 시절의 꿈을 꾼다. 아버지는 만날 수 없지만 태산목의 꽃향기는 가슴속에서 스러지지 않는지, 태산목이 필 무렵이면 어김없이 아버지 생각이 난다. 아버지가 쓰시던 손때 묻은 화분 몇 개를 우리 집에 두고 있다. 육각형 모서리에 매화가 그려진 것, 검고 둥근 것, 분재용으로 쓰던 운두 낮은 네모 분, 모두가 아마 70여 년은 더 됐을 것들이다. 그 화분들에서는 지금도 생전에 아버지가 고이시던 남천南天이나 난, 그밖에 매화와 작은 꽃들이 피고 진다. 이제는 가느다랗게 실금이 가기도 했지만 아버지를 그리는 마음으로 고이 간직하고 지낸다.

안타깝게도 지난여름에는 유럽여행 일정 때문에 태산목 피어나는 시기를 놓치고 말았다. 그런데 우연히 실로 우연히, 그 여행길 파리에서 태산목을 만났다. 그날도 해 질녘, 샹제리제 거리를 걸어가고 있는데 스치는 바람결이 예사롭지 않았다. 향긋했다. 아련한 꽃향기에 아버지를 느낀 것이다.

걷던 걸음 멈추고 하릴없이 길가를 서성였다. 여기저기 기웃거리며 누빈 것이 헛되지 않았음인가. 맞은편 건물 2층 유리창에 비낀 노을빛에 눈이 부시어 감았던 눈 다시 뜨고 햇무리를 우러렀다. 아, 바로 거기 골목 어귀의 낮은 철책 사이로 태산목 두 그루가 나란히 서 있는 게 아닌가.

몇 송이의 유백색 꽃송이가, 서울에서와 똑같은 모양으로 피어 환하게 낯선 거리를 밝혀주고 있었다. 가슴 깊숙이 잦아든 아버지의 향기는 국경을 넘어서까지 나와 함께 있으니 얼마나 경이로운 일인가. 태산목 향기에 젖어 설렘 속에 바라보는 파리 하늘은 저녁놀이 곱게 물들어 가고 있었다.

닛코日光의 삼나무 숲

숲으로 들어선다.

일본의 한 작은 마을 닛코日光의 삼나무 숲이다. 60여 년 전 아버지가 걸었던 숲길을 찾아왔다. 그 옛날 아버지의 흔적은 어디에도 남아 있지 않지만 생경스럽지가 않다. 어릴 때 참참이 들었던 풍경이어서 그런가, 낯섦 속에 스며있는 낯익음 때문일지도 모른다.

지난날 아버지가 들려준 얘기들이 귓가에 맴돈다. "우리 집 대문 앞에 있는 전봇대 있지. 그보다 훨씬 커. 마치 병정들이 반듯하게 줄을 서있는 것 같거든."

하늘을 향해 치솟은 나무들을 올려다본다. 늠름한 저 위용이 외경스럽다. 감히 바람도 흔들지 못하는 아름드리 둥치. 더께 앉은 밑동을 바라보며 600년이 넘는 세월을 절감한다. 스치는 소리는 귓가에 담기는데 나무그루는 미동도 않는다. 어릴 적 심심풀이로 들었던 얘기가 아님을 깨닫는다.

웬만큼 잘 자란 나무들도 우듬지가 어디쯤인지 시선을 맞출 수 있었건만, 아무리 발돋움을 해 보고 고개를 뒤로 한껏 젖혀 봐도 나무의 끝 간 데를 따를 수가 없다. 하늘을 향한 무한인 양 우러를 따름이다. 험한 바위 틈서리 비집고 들어앉아 창창한 모습으로 서 있는 삼나무. 하늘을 찌른다. 긴 긴 세월 비바람을 맞고 천 살을 먹었다 하니 웬만한 생명으로는 가당키나 한가.

두두룩한 언덕에 선 나무들도, 바윗돌들이 들쭉날쭉한 둔덕 어귀에도, 비탈굽이에 서 있는 나무들도 하도 빽빽하고 드높아 빛이 들지 않는 곳처럼 어둑어둑하다. 어쩌면 새벽을 열 그 무렵, 누리를 밝히기 시작하는 갓밝이 인가. 여명黎明의 빛이라고나 할지.

유년 시절 상상 속 그림으로 펼쳐지던 나무들이 지금 내 곁에 서있다. "숨바꼭질? 찾을 수가 없지. 아버지만큼 큰 어른 둘이 나무 뒤에 몸을 숨겨도 보이지 않아. 술래가 찾으러 다니다가 길을 잃을 수도 있어. 어찌나 숲이 너른지." 그러한 닛코日光의 얘기를 커가면서 내내 들었었기에 '언젠가는 꼭 한번'이라는 벼름으로 각인되었다.

지난겨울 재직하고 있는 대학에서 안식년을 맞은 오라버니가 게이오(京應) 대학의 방문교수로 일 년 동안 동경에 머무르게 되었다. 아파트가 주어졌고 시간도 넉넉하다면서 언니와 나를 불러주었다. 그런 연유로 내가 지금 닛코의 삼림 속에 와 있는 것이다.

닛코의 삼나무 숲에는 아버지의 추억이 하나 더 있다. 1200년 전 나라 시대에 세워진 화려한 장식의 도쇼구(東照宮) 경내에 있는 유일한 목조 건조물인 오층탑이다. 이 탑에는 산자루(三猿), 세 마리의 원숭이들이 조각되어 있다. 한 마리는 앞발로 눈을 가리고, 또 한 마리는 귀를 막고, 다른 한 마리는 입을 막고 있었다. 사연인즉, 악을 보지 말고, 듣지도 말고, 말하지도 말라는 뜻이라고 한다.

그 탑 앞에 우리 형제들이 나란히 섰다. 아버지도 젊은 시절에 세 마리 원숭이를 배경으로 기념촬영을 했던 곳이다. 30여 년 전 오라버니가 유학을 왔을 때도 그 목탑을 찾았으며, 얼마 전에는 조카인, 오라버니의 막내아들도 같은 자리에 서 있었다고 한다. 그리고 오늘, 우리 형제들이 세 마리의 원숭이가 조각된 탑 앞에서 또 하나의 추억을 만들었다. 같은 배경으로 자식은 아버지의 옛 모습을, 조카는 뵙지 못한 할아버지를 떠올렸으리라.

지난날 아버지의 사진에서처럼 그 공간은 여전했다. 세 마리의 원숭이가 새겨진 모습도 변하지 않았으며, 더불어 서로의 존재에 맞물리듯 삼나무 숲도 그 자리에 있었다. 30km가 넘는 긴 삼나무 길을 다 구경하지는 못했어도 웬만큼은 거닐었다. 지난날 아버지도 오늘의 나처럼 거침없이 서 있는 저 나무들을 올려다보며 수관선樹冠線의 아름다움에 감탄했을 것이라고 짐작해 본다.

닛코의 삼나무를 이야기할 때마다 두 팔을 번쩍 들어 만세 부르는 시늉을 하던 아버지. 나무그루의 곧음을 그렇게 설명해 주었다. 다시 두 팔을 양옆으로 둥그스름하게 펼쳐 보이며, 두 아름도 넘는 우람한 둥치라는 것을 누누이 일러주었다. 매번 듣는 같은 줄거리였지만 지루함없이 진초록 빛 상상의 나래를 펴게 한 이야기들이었다.

아버지를 생각할 때면 늘 가슴 가까이 다가왔던 나무. 언제나 숲을 지키며 나

와의 조우를 기다리고 있었을 삼나무. 오래고 오랜 벼름의 후미에서 지금 내가 그 숲에 서있다.

한 떼의 새들이 나무 사이로 날개를 치며 날아간다. 새들이 떠나간 하늘 저편을 올려다본다. 나무들이 너무 높아 쉴 곳을 찾지 못해서일까. 둥글게 허공을 돌다가 숲 저편으로 멀어진다. 저녁 어스름이 나무 사이로 스미고 있다.

바람이 지난다. 순간, 먼 옛날 아버지가 서 계셨던 자리에 그때에 스치며 지나간 그 바람이겠거니 귀를 모아본다. 꿈을 그리게 했던 나무들의 숲. 유년 시절을 남기고 닛코의 삼나무 숲을 나온다.

봉인封印

학교에서 집으로 돌아오자 새로 배달된 책 〈학원〉이 마루에 있었다. '피아노신동 한동일 미국유학'이라는 큰 제목과 함께 그의 사진이 화보에 실렸다. 옆 가르마를 타서 단정하게 넘긴 머리며, 넥타이를 매고 양복을 갖춰 입은 앳된 모습이 빼어났다. 가난한 시절, 그렇게 멋진 정장 차림의 또래들을 어디에서 볼 것인가. 친구들에게 자랑할 요량으로 교과서와 함께 책가방에 넣었다.

다음 날 교실에 들어서자마자 짝을 보고 "나 어제…" 하다가 화들짝 입을 다물었다. 무슨 일이냐고 친구가 재촉을 했지만 얼버무리고 말았다. 행여 〈학원〉이 다른 급우들의 눈에 띌세라 종일 신경이 씌었다. 집으로 돌아오자마자 누구의 눈에도 띄지 않도록 책상 서랍에 깊숙이 넣어두었다. 그날 이후 아무도 없을 때면 나 혼자 살그머니 책을 꺼내어

보곤 했다. 중학교 1학년 때였다.

언제까지 책상 서랍을 열고 닫으며 가슴을 두근거렸는지는 잊어버렸다. 그 〈학원〉도 어찌했는가 생각이 나지 않는다. 그런데 어른이 되어서 연주회에 갈 때면 가끔씩 그 일이 떠올랐다. 어느 날 우연히 그의 기사를 신문에서 보았다.

1954년 열두 살 소년 한동일이 여의도에서 공군비행기를 타고 미국으로 떠났다. 줄리아드 음악원을 거쳐 열다섯 살에 카네기홀 연주를 비롯해 스물여덟에 인디애나 음대 교수를 시작으로 국제무대에서 활동하던 그가 50년 만의 귀국독주회를 예술의 전당에서 갖는다는 소식이었다.

연주가 있던 그날 밤, 나는 옛날의 그 미소년을 떠올리며 맨 앞줄에 앉았다. 숨을 죽이고 있을 때 그가 무대로 걸어 나왔다. 옛날의 앳된 모습은 간 곳이 없고 성근 머리카락에 두루뭉술한 몸집, 세월의 흔적이 나의 환상을 바람처럼 휩쓸고 지나갔다.

'세 번째는 아니 만났어야 좋았을 것이다.'라는 피천득 〈인연〉의 마지막 구절만 떠올렸다. 가슴에 묻어 둔 단지의 봉인封印은 뜯지 않았어야 했다. 열자마자 연기처럼 사라지고 마는 환상이었다. 그러나 연주회장을 나왔을 때는 협주곡 4번 2악장의 우수 어린 맑은 선율이 내 가슴에 아릿하게 맴돌았다.

기보부인

“어이– 박 씨, 그쪽 모서리는 흙을 조금 더 파내야겠어. 옴짝달싹을 안허네”

“아니야, 누구 한 사람 더 없어?”

“맞아, 그러면 두 사람이 그 끝을 바짝 들어보라니깐.”

“됐어, 이젠 반듯해지네, 그대로 내려놔.”

시끌벅적한 이곳은 선교사 묘지가 있는 양화진 언덕바지이다. 지경地境도 알 수 없을 만큼 폐허가 된 한 여선교사女宣教師의 뭇자리를 새롭게 단장하기 위해서 석재石材를 옮기고 있다.

우리 고유의 봉분封墳이 아닌 서양식 평장平葬이어서 화강암 둘레석을 네모지게 앉히려는데, 지면이 편편하지 못하다. 한쪽이 약간 높직하다 보니 파헤친 흙을 고르고 다지며 요량을 하지만, 일이 더디기만 하다.

2미터가 넘는 길다란 돌덩이들이니 크레인으로 운반을 하면 한결 수월할 텐데, 묘지를 들고나는 길목이 좁고 언덕바지여서 오를 수가 없단다. 우리처럼 앉힌 묘가 아니어서 설자리도 없이 좁은 땅이다. 할 수 없이 크레인에서 포크레인으로, 다시 트럭으로, 따로따로 운반을 했다. 그런 다음 들어 내린 돌덩이를 장정 네 사람이 밧줄로 묶어 목도질로 제 자리에 놓으려는데, 불끈 들어 옮겨놓는 물건 같지 않으니 서로 의견들이 분분하다.

묘역의 주인 여선교사는 미국인 메리 헤이든 기포드Mary Hayden Gifford이다. 우리말로는 기보부인奇普婦人이라 불렀

다. 기보부인을 알게 된 것은 우리 가족이 출석하고 있는 교회의 교회사教會史를 남편이 집필하기 시작하면서부터였다. 그동안은 언더우드 씨가 우리교회를 설립했다고 알고 있었는데, 여러 문헌을 근거로 기보부인도 언더우두와 함께 교회 설립에 앞장섰던 것을 새롭게 찾아냈다.

남편은 그때부터 그녀의 행적을 찾기 시작했다. 1년여 동안 여러 경로를 통해 알아보았지만, 뜻을 이루지 못했다. 50여 년 이상 묘역을 돌보았던 관리인도 양화진 묘지에서는 그런 이름을 들어본 일이 없다고 했다. 자손이 없으니 찾아온 사람이 없었을 터. 백여 년이 지난 지금 어찌 기억할 수 있을까.

마침 한 미국인의 저서에서 기보부인의 묘지가 양화진에 있음을 확인했다. 그날 이후 비바람에 씻겨 식별할 수 없는 비석 하나하나를 손으로 더듬고 짚어가면서 돌에 새겨진 글자를 읽어나갔다. 드디어 3년여 만에 이루어냈다. 바로 그날,

"찾았어, 찾았다고. 기보부인 묘를 찾았어."

휴대전화기를 통해서 들려오는 남편의 목소리는 떨리고 있었다. 빨리 와 보라는 숨찬 소리를 듣고 달려갔더니, 남편은 허물어진 흙바닥을 바라보며 우두커니 서 있었다. 그

동안 돌봄이 없어서 매몰될 뻔한 묫자리였다.

우리나라 산소에 가면 푸른 잔디와 위엄을 갖춘 봉분이 눈을 끈다. 그런데 주인 없는 무덤이 이런 것인가 싶게, 흘러내린 흙바닥에 퇴색한 묘비만 덩그렇다. 생몰년生沒年만 쓰인 비석이지만, 많은 내력이 써있지 않더래도 시간을 초월해서 그 옛날이 더듬어진다. 자식 하나도 남기지 않은 그녀에게 그 돌덩이는 목숨을 바친 유일한 발자취였다.

이젠 흙이 되었을 기보부인. 1888년 서른한 살의 처녀 마리Mary로 이 땅에 발을 들여놓아 정동여학당장으로 있다가, 네 살 연하인 미국인 선교사 다니엘 기포드와 결혼을 했다. '기보'라는 우리말 이름으로 조선의 명승지에 관해서 〈Places of Interest in Korea〉라는 글을 써서 미국에 알렸으며, 11년 동안 선교 사역을 하다가 43세의 나이로 남편과 함께 돌림병인 이질로 목숨을 잃었다.

그 시절 미국에서 최고학부를 나온 여성이었으니, 그가 만일 선교사가 되지 않았다면 안락한 생활을 누릴 수도 있었으리라. 어찌 그의 행동이 용기만으로 이루어질 수 있는 일일까.

오래전에 사라진 한 외국 여인의 흔적을 찾으려고 정성을 모은 것은 나름대로 이유가 있었다. 우리는 그 무렵 시부모님 묘역을 손질하고자 여러 가지 준비를 하고 있었다. 그러면서 이런 생각을 하게 되었다. 만일 우리가 없었다면 부모님의 산소를 누가 돌볼 수 있을까. 기보부인에게도 한 점 혈육이 있었다면 백여 년이 넘는 기나긴 날을 버려두지는 않았을 텐데, 하는 애잔한 마음이 들었다.

늦었지만 이제라도 기보부부의 묘소를 새롭게 단장을 해 보자고, 남편에게 그 뜻을 전했다. 그리고 일하는 김에 그 옛날 양화진 묘역을 관리했고, 우리 교회의 초대장로였던 최봉인 장로의 봉분이 느티나무 아래 있으니, 이참에 그의 묘비도 건립하자고 했다. 아주 작은 일이지만, 그런 작정을 하고 보니 한결 편안했다. 그렇게 시작된 일을 오늘, 이른 아침부터 하고 있는 것이다.

마침 기보부인의 세상 뜬 날이 5월 5일이다. 남편은 자신의 생일과 같은 날이니 결코 우연이 아닐 것이라고 하더니, 오늘도 새벽부터 집을 나와 일하는 이들을 위해

물을 나르고 먹을 것을 챙기면서도 얼굴에 웃음이 가득하다. 떼 입히는 일은 어렵지 않으련 했는데, 마무리까지는 아무래도 어둠이 내리고서야 손을 털 것 같다.

다시 한번 둘러본다. 가난과 무지, 그리고 병으로 지내는 이 나라 사람들을 불쌍히 여기면서 눈을 감았을 기보부인의 무덤을. 비록 역사의 뒤안길로 사라졌지만, 그의 죽음은 어둠을 비추는 빛으로 오늘을 밝히고 있다. 이제 황량한 바람은 아니다. 나뭇가지들도 묵은 껍질 떨치고 새잎이 돋아난다. 며칠만 있으면 개나리가 피어나고 진달래도 만발할 것이다.

양화진 언덕에 가득 괸 햇살을 본다. 크고 작은 묘비들이 환하게 드러나면서 한 무리의 합창소리가 바람 속에 섞인다.

'나에게 천의 생명이 주어진다 해도 그 모두를 한국에 바치리라' -R. 캔드릭-

'친구를 위하여 자기 목숨을 버리면 이에서 더 큰사랑이 없느니라' -A.K. 젠슨-

3부

마음

빈 벽을 바라보며

오래전부터 벼르던 일을 오늘 마쳤다. 집에 있는 그림 액자를 아이들 앞앞으로 챙기는 일이었다. 어서들 가져가라고 누누이 일러두건만, 그때마다 엄마가 아끼시는 그림을 어찌 가져가겠냐며 매번 이런저런 핑계를 대곤 했다.

그림 뒤편에 각자 이름을 적어주면 나중에 가져갈 것이라고들 했다. 오랫동안 병치레에 시달리는 어미 앞에서 선뜻 들고 가기가 마뜩지 않을 것이라는 생각이 없지도 않았다. 하지만 이제 나의 건강도 어느 정도 회복되었고 무엇보다도 제한된 공간인 아파트인지라 커다란 액자들을 잘 간수하기가 만만하지 않았다. 하여 마음먹고 열몇 점을 골라 일일이 포장을 끝냈다.

오랫동안 눈에 익어서 그럴까. 크기만 봐도 누구의 무슨 작품인지 가늠이 되었다. 저마다 몫을 정해 집집으로 실어 보내고 나니 집안이 휑뎅그렁하다. 사십여 년을 함께 했으니 어찌 무심하랴. 가슴 한 모서리가 텅 빈 것도 같다. 별리別離의 아픔은 사람과의 사이에만 있는 게 아닌가 보았다. 그림이 걸려있었던 벽면에는 허여스름하니 네모진 자국이 남아있다. 내 마음에도 그림 액자를 떼어낸 자리처럼 허여스름한 자국이 어룽져 있다.

한 점 한 점 내게로 와서 함께 했던 시간들이 더듬어진다. 전시장의 그림 앞에서 셈을 하고 또 궁리하고, 어쩔 수 없어 돌아섰던 아쉬운 발길. 어찌저찌 마련해서 그림을 들여오던 날, 어떻게 하면 그림이 돋보일 수 있을까를 궁리하며 거실 벽의 여기저기에 걸어보고 떼어보며 수없이 옮기며 수선을 떨었다. 자다가도 깨어 나와 어루만져 보던 일이 어제인가 싶기만 하다.

해가 가면서 많은 이야기를 담은 그림들이 벽들을 차지했다. 실내장식의 하나로 여겼던 그림들이 집안 꾸미기를 벗어나 언젠가부터 내 안에 깊숙이 들어와 있다. 일상이 고달플 때면 나도 모르게 그림 앞으로 갔다. 그림 속에서 나와 다른 삶의 풍광을 만나므로 자연의 섭리와 질서, 그리고 생명의 외경을 일깨우며 밝은 미소를 되찾을 수 있었다.

한 겨우내 꽃봉오리로 머물다가 새봄을 맞아 피어나는

매화 동백을 바라보며 기다림과 인내를 배웠다. 흐르는 강을 따라 걸으며 흙과 바람 속에서 자라는 들꽃의 숨결을 느끼고 늪가의 풀벌레들을 보면서 모든 생명체에는 나름의 향기와 아름다움이 있음을 깨달았다. 중천에 뜬 보름달을 볼 때면 어릴 때 "내 더위 사가라."라고 더위를 팔던 일을 떠올리며 심란한 마음을 다독이기도 했다.

어느 날은 그림 속 숲에서 사색에 잠기기도 했다. 겨울의 호젓함 속에 잔설을 머리에 이고 앉은 정자 마루에 누워서 이제 막 둥싯거리며 솟아오르는 해를 마주하며 겨울 맛에 취해보기도 했다. 만물에 순환이 있어 소진된 생명이 부활의 색으로 되살아나는 봄이면 자연의 시와 음악이 어우러져 나를 조요히 이끌기도 했다. 때로 한여름의 시원한 솔바람 속에서 산새들의 지저귐을 들으며 심신의 고단함을 다 부려버리기도 했다. 화폭마다 면면하게 흐르는 아름다운 자연과 생명의 노래가 있었으니 그림은 단순한 장식품이 아니었다. 나에겐 삶을 지탱하는 힘이었다. 일상의 잔잔한 기쁨이었으며 인생살이의 참 스승이기도 했다.

그림을 모으는 과정에 몇 가지 해프닝이 있었다. 판화 표구를 맡긴 화방에서 그림 아래쪽에 쓰인 작가의 사인을 잘라버려서 다시 사인을 받은 일이며, 위탁판매를 맡겼다가

떼이기도 한 어이없는 일도 있었다. 4호 그림을 원했는데 10호로 큰 그림이 내게로 와서 배달사고인가 하고 작가에게 물었더니 그대로 괜찮다는 말을 들려준 뜻밖의 좋은 일도 함께 있었다.

많은 작품들이 있어도 유독 애정이 가는 그림이 있었으니, 내가 서른셋에 들여온 판화였다. 경복궁 앞 현대화랑에서 서양화가 김구림의 판화전이 있었다. 엽서 두 장쯤 될까 싶은 크기의 나무 한 그루, 다른 화면에는 두 그루의 나무가 이미지화된 여섯 장의 시리즈였다. 단박에 마음이 끌렸다. 우선 자그마한 게 공간을 덜 차지해서 좋을 것 같았다.

하지만 그림 값이 내 정서의 키를 훨씬 넘는 바람에 몇 차례 들락거렸다. 가까스로 마감 날에야 호랑이 등에 올라타는 기분으로 집으로 옮겨왔다.

그 이전까지는 동양화에만 마음을 기울였다. 전주에서 살았던 사람은 기억할 것이다. 한옥이 대부분이었으니 사랑이나 안방 벽장문에는 산수화나 화조도花鳥圖를 벽지처럼 벽에 붙였다. 웬만한 집에서는 서화書畫 두어 점씩을 붙이는 게 일상이었다. 어쩌면 그런 모습이 눈에 익어서였을 게다. 고서화나 민화에 치중을 했었다. 차츰 여학교 때 신문에 실린 삽화들을 스크랩했는데 그때에 낯익힌 화가들의 작품을 찾아다니기도 했었다.

살림에 도움 되는 것도 아닌 것을 현실에 끌어들이기 위해서는 나름대로 수입이 있어야 했다. 바느질을 좋아해서 아이들 옷이나 내 옷을 만들어 입다 보니 주변에서 부탁을 해왔다. 그 일이 실마리가 되어 낮이면 골방에서 유아복을 만들어 베이비센터에 보내곤 했다. 백화점이 성하면서 옷 만드는 일을 그만두게 되자 대신 오전에 할 수 있는 과외를 시작했다. 낮 시간에 했으니 특별히 식구들에게 알려질 일도 없었다.

몇 해 전 병상에 있을 때였다. 내 손으로 살림을 못 하게 되면서 도우미 비용이며 병원비 등이 만만치가 않았다. 생각 끝에 인사동에 있는 화상畵商을 집으로 불렀다. 소장하고 있던 그림과 고가구며 골동품을 보여주었다. 갑자기 얼굴에 희색을 띄는가 싶더니 곧바로 평정심을 찾으면서 "요즘은 때가 지났습니다. 옛날에 한참 좋았지요."라는 거였다. 사십여 년 전 유명화랑에서 구입한 가격의 절반만 얘기했어도 빈손으로 보내지는 않았을 것이다.

시장의 흐름에 따라 그림 값이 정해진다지만, 그 가치의 기준이 시대의 흐름에 따라 달라진다는 게 참으로 서글펐다. 내가 그림을 고르는 기준은 꼭 유명작가의 대표작이 아니었다. 화랑에서 잠시 보

고 마는 게 아니고 언제 어느 때라도 집에서 즐길 수 있는 그림이면 되었다. 미술관에 가서 보면 될 것 아니냐고 말할 수 있지만 그림은 소유일 뿐 공유할 수 있는 게 아닐 터였다.

나중에 큰돈이 될 것이라는 생각은 애초부터 없었다. 그랬던 내가 그 화상畫商이 다녀간 뒤로 한동안 마음을 뒤숭숭해했다. 땅 한 뙈기씩이라도 사 모을 것을 그랬나? 아니면 은행에 얌전히 두기만 했어도 좋았을걸? 나 스스로에 대한 자문, 자책, 자괴지심 등으로 휘청거린 것이다.

그러다가 문득 다산茶山의 글 한 대목이 생각났다. 논을 넓혀 연을 심은 사람과 연 심은 못을 돋워 논으로 만든 사람 이야기다. "연 밭을 헐어 논밭을 일구면 거둘 곡식이야 늘어나겠지만, 몇 포기 더 심어 얻은 쌀보다 연꽃을 심어 감상하는 정신적 여유가 더 소중하니라." 작은 이익과 삶의 정취를 맞바꾸지 말라는 뜻이렷다. 새삼스레 그 귀한 말씀을 가슴에 새기며 잠시나마 휘청거렸던 지난 며칠을 후회했다. 그 후 그 화상이 여러 차례 내게 전화를 했지만 나는 연락을 끊었다.

우두커니 텅 빈 벽을 바라본다. 이젠 그 그림들이 아이들에게 위안이 되었으면 좋겠다.

성탄절 선물

우리 집에서는 성탄절을 어느 명절보다도 제일로 여긴다. 어머니 살아계실 때부터 그랬다. 저녁상을 물리고 나면 어떤 선물이 기다리고 있을까, 트리 아래를 기웃거리며 가슴을 설렌다. 50여 년이 넘게 이어왔어도 선물을 기다리는 것은 어른이나 아이들이나 한결같다.

11월 중순 추수감사절이 지나면 곧이어 나는 트리를 만든다. 그때부터 나름대로 준비한 선물을 하나씩 트리 밑에 가져다 놓는다. 제 살림을 살고 있는 딸들도 준비한 선물을 틈나는 대로 트리 아래 놓고 간다. 그러다가 성탄

절 저녁이면 둘러앉아 하나씩 둘씩 펼쳐본다. 손주들이 자라면서는 야호! 신난다! 그 애들이 쏟아내는 웃음소리로 집안이 더욱 시끌벅적해진다.

그러던 지난 해 딸들과 이런저런 얘기 끝에, '우리끼리'의 나눔에서 이웃으로 손을 펼치자는데 한마음이 되었다. 자신들도 그동안 아프리카 아이들과 유니세프에 헌금을 보내고 있었다면서 가족이 함께하면 더 좋을 것이라고 반색을 했다. 아들들도 마찬가지였다. 그동안에는 온 가족이 서로서로에게 선물을 나눴다.

손주들에게는 산타할아버지 오실 날을 손꼽아 기다리니 예년처럼 아이들에게는 그대로 나누고, 아버지께서도 선물이 없으면 섭섭해하실 것이니 하던 대로 하자고 했다. 그렇게 줄인 비용을 시각장애인 개안수술헌금으로 보내기로 했다.

개안수술헌금을 보내기로 한데는 사연이 있다. 20년 전이었다. 큰 아들이 대학입학 때 성적우수자로 등록금이 면제되었다. 일백만 원이 넘는 액수였으니 남편의 한 달 월급이었다. 내 생각으로는 생각지 않은 선물이니 없는 듯 어려운 곳에 보내고 싶었다.

하지만 한 푼이 새로운 월급쟁이한테는 쉬운 일이 아닐 것이었다. 궁리 끝에 어머니가 내게 주신 반지를 내놨다. 어머니가 보고 싶을 때마다 살며시 꺼내어 만져보곤 했던 반지였다. 마침맞게 아들 등록금만큼의 액수가 되었다. 어머니를 뵌 듯 지니고 있었지만 앞을 못 보는 너더댓 사람에게 빛을 줄 수 있다면 하늘나라에 계신 어머니도 기뻐하시리라 생각되었다.

어머니는 녹내장으로 어려움을 겪으셨다. 1950년이었으니 병명도 낯설었고 치료약도 변변치 않았다. 돌아가실 무렵인가, 늘 기독교 방송을 듣던 어머니는 실로암안과에서 시행하는 개안수술에 대한 얘기를 들었다면서 안타까워하셨다.

"나이 든 내가 무슨 여력이 있겠어, 니 아이들 다 크고 나면 그때 너도 힘이 좀 피겠지."

어머니 그 말씀이 늘 귓가에서 맴돌았다. 여유로운 날이 언제쯤일까. 시부모님까지 여덟 식구였으니 늘 팍팍했다. 생각 끝에 일주일에 한 번씩 시각장애인을 위한 차량 봉사를 하게 되었다. 그때나 지금이나 몸이 부실한 나는 내 의

지와는 상관없이 가끔씩 약속을 어기게 되었다. 안되겠다 싶어서 다시 하게 된 일이 책 읽어주는 일이었다.

그런 일들이 인연이 되어 첫 번째 수필집 〈사연〉을 출간할 때였다. KBS 성우로 있는 조카 영선이의 도움으로 녹음테이프 2,000세트를 만들어 시각장애인 협회에 기증했다. 감사패를 주겠다는 것을 사양했다. 이다음 하늘나라에 가서 어머니께 칭찬받고 싶어서였다. 어머니가 계신다 해도 손수 읽을 수 없을 터. 내 어머니께 읽어 드린다는 마음으로 그렇게 했다.

처음으로 개안수술비를 송금하던 날은 감회가 남달랐다. 어머니가 한 해만 더 사셨더라면 손주의 대견함을 보셨을

것이고, 그토록 바라던 일에 동참할 수 있었으니 얼마나 기뻐하셨을까. 어머니 생전에 마련해 드렸으면 참으로 흡족해하셨으련만, 내 자식, 내 살림만 애지중지했던 지난날들이 가슴을 저몄다.

아들 입학금을 보내기 시작한 그 해부터 내 생일 때나 성탄절이면 잊지 않았으니, 20년 동안 이어졌다. 갈등도 있었다. 그때마다 "내가 다 쓰고 나면 남 줄게 어디 있겄어" 어머니의 그 말씀이 늘 귓가를 맴돌았다.

두 해 전인가, 기부금 영수증이 있으면 연말정산에 도움이 된다는 말을 들었다. 내내 무명씨로 헌금을 했는데, 이번에는 이름을 밝히고 영수증을 아들에게 건넸다. 그것이 빌미가 되어 자식들이 알게 되었다. 뒤늦게 들은 이야기는 칠순이 지난 우리 언니도 시각장애인을 위해서 차량봉사를 하고 있었다. 어머니의 나누는 마음이 우리 형제들에게도 오롯이 이어졌던가.

거창한 일만이 선한 일은 아닐 것이다. 손주들도 푼돈을 아꼈으니, 나눔을 배우는 것도 공부 못지않게 소중한 일이 아닐까. 내가 세상을 뜬 다음에도 그 일을 이어갔으면 좋겠다. 허락된 범위 안에서 주위를 돌아볼 뿐이었지만, 이번 성탄절은 어느 해 보다도 값진 선물이 되었다.

평화공원 해밀턴 쇼 대위

'은평 평화공원'을 찾았다. 6 · 25전쟁 60주년을 맞아 은평구 녹번동에 공원을 개장한다는 기사를 읽은 뒤였다. 공원으로 들어서는 입구에는 벚꽃, 이팝, 느티나무들이 줄지어 섰고, 우리 고유 수종인 층층나무, 팥매기, 복자기와 벌개미취와 금불초 등, 여러 종류의 나무와 꽃들이 어깨를 겯고 있었다.

주민을 위한 쉼터라 들었는데, 한쪽에는 장교복을 입은 군인의 전신대 동상이 서 있었다. 기단에는 윌리엄 해밀턴 쇼(William Hamilton Shaw, 1922~1950)라는 이름과 생몰년生沒年이 적혀 있었다. 한국인도 아닌 외국인 청년이 어찌해서 한국의 공원에 우뚝 서 있는지 궁금했다. 평화공원이라는 명칭과 깊은 연관이 있을 것만 같아 그의 행적을 찾아 나섰다.

그는 1922년 평양에서 미국 선교사의 아들로 태어났다.

아버지의 이름은 서위렴徐偉廉. 미국 이름인 윌리엄 얼 쇼(William E. Shaw, 1890~1967) 박사는 평양 광성고등보통학교 교사였다. 아들 쇼는 평양에서 고등학교를, 미국에서 하버드대 철학과 박사과정을 공부하고 있었다.

6 · 25 전쟁이 시작되자 그는 해군으로 입대하여 한국 파병을 자원하였다. 한국말이 유창하고 한국지리에도 밝았다. 그런 연유로 인천상륙작전 때 맥아더 장군과 함께 정보장교로 한 · 미 해병대 간의 전투협조 업무를 맡아서 큰 공을 세웠다.

그는 다시 해병대에 자원하여 9월 22일 서울탈환작전에 참여하였다. 수도권 지리를 잘 아는지라 정찰부대를 이끌고 적 후방 정찰을 맡아, 경기도 녹번리에 들어섰다가 공교롭게도 잠복해 있던 인민군과의 교전 끝에 전사했다. 구조대가 도착했을 무렵엔 북한군의 기관총알이 온몸을 뚫어 성한 곳이 없었다. 향년 스물여덟으로 서울 수복 엿새 전이었다.

쇼는 고등학교를 졸업하고 미국으로 건너가 세계 2차 대전 때 해군 장교

로도 복무했었다. 박사과정 이전에는 한국 해군사관학교에서 생도들을 가르치기도 했다. 구태여 두 번씩이나 군복을 입을 이유가 있었을까.

군인이라고 하면 강하다는 느낌만으로 얼비치기 십상이다. 하지만 병사이기 이전에 20대 안팎의 순정한 젊은이로서 공포와 두려움으로 떨고 있을 가족의 안위에 대하여 어찌 도외시할 수 있었을까. 그보다 20년을 넘게 자랐던 한국을 향한 그리움과 도타운 정을 차마 떨치지 못해 학업조차 마다하고 기어이 찾아오고 말았으니….

"한국인은 내 형제들인데, 나의 조국에서 전쟁이 났는데

어떻게 학업을 계속할 수 있겠느냐? 나는 한국이 자유와 평화를 이루기 전까지는 아무것도 할 수 없으며, 기독교인으로 살아갈 수도 없다"라고 평소에 함께 복무했던 한국인 해군 친구에게 말했다고 한다.

외아들을 잃은 아버지 서위렴 선교사는 군목軍牧을 자원했다. 그때까지 한국군에는 없었던 군목제도를 도입했다. 그런 연후에 젊은 병사들을 마치 당신의 아들 쇼인 양 아끼며 사랑했다고 전해진다. 3대를 이어가며 한국을 사랑했던 가족들. 40여 년간 선교사로 봉사했던 아버지. 어머니. 그리고 그의 아내와 아들은 대학교수로, 손녀와 손자며느리까지도 한국에서 봉사를 했다.

은평구에서는 2008년부터 쇼 대위를 기리는 동상 건립을 추진해왔고 제막식 때는 정부의 지원을 받아 그의 가족들을 초청하기도 했다. 그의 기념비는 쇼 대위를 아는 지인들이 모은 성금으로 전사 6주기인 1956년 그가 전사한 녹번리에 세워졌다. 도시계획으로 응암동 어린이 공원으로 옮겨졌다가 이참에 은평공원으로 이전 설치되었다.

어느덧 60년이 흘렀다. 그때의 일을 우리들은 모두 다 잊고 지낸 전쟁이었지만 또 다른 사람들에게는 살아서 꼭 전해야 할 생생한 삶 그 자체이리라. 우리 땅에서 전사한 미군은 5만여 명에 이른다. 살아서 집으로 돌아간 병사도 있었지만 이제는 그들 대부분도 이미 세상을 뜨고 말았을 것이다.

이역만리에서 숨진 병사 중 한 사람인 쇼를 누가 있어 아직도 기억해 줄까. 사랑의 손길이 모여 은평 평화공원 동상으로 다시 소생한 스물여덟 청년 쇼 대위. 그의 헌신은 한국의 아들로써 우리들 가슴에 길이 새겨지리라. 동상에는 비록 쇼 대위의 이름뿐이지만, 이 땅을 지키기 위해 목숨을 바친 수많은 미국 병사들의 죽음도 함께 기억하게 될 터이다.

"공부는 조국에 평화가 온 뒤 다시 하겠노라."라고 했던 윌리엄 해밀턴 쇼 대위. 웃음 띤 생전의 모습인 그의 동상을 다시 어루만져 본다. 남의 나라 전쟁터에서 자식을 잃고만 어머니의 심정을 어찌 다 헤아릴까마는, 나도 자식들을 금이야 옥이야 기르는 어미인 게다. 어찌 목이 메는 뜨거움을 모르겠는가. 그들의 헌신으로 누리고 있는 나의 자유가 못내 송구할 밖에다.

동상에 쓰여 있는 성구 "사람이 친구를 위하여 자기 목숨을 버리면 이보다 더 큰 사랑이 없나니" (요한복음 15장 13절)를 되뇌며 평화를 염원하는 사람들의 소중한 마음으로 다져진 '평화공원'을 뒤돌아 뒤돌아보며 걸음을 옮겼다.

나는 글자를 모은다

컴퓨터 전원을 누른다. 빨간 불이 켜진다. 깜박이는 불빛이 가슴을 설레게 한다. 웅–소리를 내면서 모니터가 밝아진다. 피아노 건반을 두드리듯 열 손가락이 나도 모르게 둥그스름하게 구부러지면서 내 가슴을 자판인 양 톡톡 토도–독 두들긴다. 한동안 느껴보지 못했던 희열이 온몸에 퍼진다. 흔한 일상이건만 왠지 모니터를 바라보는 감회가 남다르다. 얼마 만인가.

타고난 재능이 없으면서 깜냥에 글 쓴다고 나선지 어느덧 십수 년이 지났다. 스트레스로 온몸에 열꽃이 피어나도 쓰고 싶은 마음 하나였다. 하루 세 차례 끼니 챙기는 일 아니고는 시집간 딸들마저도 멀리하면서 한 줄 또 한 줄 허투루 하지 않았다. 해가 가면서 제법 불어나는 글줄이 보람이었다.

좋은 글 한 편 쓸 수 있는 날이 언제일까 기다리던 지난해 봄이었다. 예기치 않은 암 수술을 받게 되면서 한동안 글을 쓰지 못했다. 원고청탁을 받을 때마다 구차스런 이 핑계 저 핑계를 댔다. 그런 날이면 성실치 못한 자신의 대답이 아픔으로 가슴을 허비었다.

매화 향 분분하던 올해 봄이다. 꽃 마중 가겠다고 한껏 부풀어 있었는데 다시 자리에 눕게 되었다. 하루하루 좋아지는가 싶더니 느닷없이 허리통증으로 몸을 가눌 수 없게 되어버렸다. 스물네 시간 내내 진통제를 맞고 있어도 수그러들지 않기를 석 달여, 병치레가 잦았어도 그토록 혹독한 통증은 처음이었다.

35도를 웃도는 무더위가 왔다. 기상캐스터는 몇십 년 만의 기록이라고 전했지만, 에어컨의 냉기마저 받아들이지 못할 만큼 쇠약해졌다. 속

수무책, 천장만 바라보고 있어야 했다. 혹서는 언젠가는 지나갈 테지만 가늠할 수도 없는 통증은 막막했다. 긴 여름은 그렇게 가고 있었다.

봄 가고 여름 가더니 어느새 가을도 깊어졌다. 나름대로 글 줍기에 매진한다고 했지만 게으름 피운 날들이 어찌 없었을까, 거동을 못하다 보니 지난날이 아쉽기만 하다.

하루에도 몇 번씩 정현종 시인의 "더 열심히 그 순간을 사랑할 것을 / 모든 순간이 꽃봉오리인 것을" 떠올린다. 언제까지 가버린 날들을 반추하며 멍하니 있을 수만은 없었다. 비록 불편한 상황이어도 '모든 순간이 꽃봉오리인 것을' 읊조리며 현실에 어울리는 방도方途를 찾고 싶었다.

처음 한동안은 열망해오던 '음악과 독서'에 빠졌다. 진수성찬도 몇 날이지 송충이는 솔잎이 제격인가 보다. 침대에 반듯하게 누운 채로 워드를 칠 수 있는 방법이 어디 없을까 궁리하기 시작했다. 어미의 말을 귀담아들은 큰아들이 며칠 동안이나 인터넷을 검색해 봤지만 마땅한 방법을 찾을 수 없더라고 했다. 막내아들까지 머리를 맞대고, 종이에 그림을 그렸다. 그 모양대로 마분지에 본을 떠서 가위로 재단을 하고, 테이프로 잇고, 각을 세워 내 몸 판에 씌워봤다. 그럴싸했다. 필요는 발명의 어머니라 했던가.

여러 날 벼르던 막내가 마침내 '침상용 컴퓨터 책상'이라는 이름의 책상을 들고 나타났다. 어미의 생각을 이루어준 것이다. 하얀 페인트로 말끔하게 단장을 했다.

설명을 덧붙이자면 어린애들이 바닥에 놓고 쓰는 두레기상 같다. 그 책상을 침대에 누워 있는 내 몸판 위에 놓고, 그 상판 위에 자판기를 세워 왼손으로 붙잡고 오른손으로는 자판을 두드리게 한다. 모니터가 놓인 데스크는 침대 오른편으로 놓고, 고개를 오른쪽으로 비스듬히 돌리면 모니터에 뜨는 글씨를 읽을 수 있으니 안성맞춤이다. 누워서 모니터를 바라보게 되어 눈이 조금 피로한 것 외에는 크게 불편하지 않았다.

ㄱ·ㄴ·ㄷ

한 자, 한 자씩 모니터에 떠오를 때면 반짝반짝 빛을 발한다. 빨리 병상을 떨치고 일어나라는 신호 같기도 하고, 밝은 미래를 예견하는 손짓 같기도 하다. 때로는 어린 시절 아버지가 연필 쥔 내 손을 꼭 잡고서 ㄱ ㄴ ㄷ 을 익히게 하는 앎의 길잡이가 되셨고, 이제는 어려운 상황을 받아들이는 삶의 수용으로써 ㄹ ㅁ ㅂ 을 새롭게 익히고 있다.

두 손을 써 오던 그동안에 비해 속도감이 없는 독수리 타법이지만 어떠랴. 자음 하나 모음 하나가 어우러져 글꼴을 이루고 한 글자 또 한 글자 나란히 옆줄로 늘어서니 티끌 모아 태산이 되고, 빗방울 모여 강을 이루듯 글자가 모아진다. 어제처럼 오늘도 나는 글자를 모은다. 다른 사람이 보면 웃을지 모르지만, 내게는 기쁨이요 감사가 넘치는 것을.

그악스럽던 통증도 조금씩 수그러들고 있다. 아직도 나를 못 잊어 그럴까, 가끔씩은 통증이 성깔을 부리지만 잘 지내보자고 다독인다. 그러노라면 의자에 앉아 밤을 지새우는 날도 머지않았으려니 싶다.

며칠째 터를 바라보고 헤실거리며 웃는 내게 아들들은 "우리 어머니 명작 탄생 중"이라면서 너스레를 떤다. 명작은 아니어도 자판을 넘나드는 손길이 바빠지니 어찌 대견하지 않을 수 있으리오.

내 삶의 순항은 계속될 것이니 한 10년쯤 훨씬 지나서 옛이야기하듯 그때 그런 일이 있었노라고, 바람처럼 스쳐 지났노라고. "모든

순간이 꽃봉오리인 것을" 가볍게 이야기할 수 있는 날이 있기를 소망할 뿐이다.

마우스를 이동시켜 커서를 '저장'에 맞춰놓고, '끄기'를 클릭한다. 웅—소리와 함께 오늘도 보이지 않는 글의 낱알이 '저장'에 쌓이고 있다.

정한情恨

가는 비가 내리는 날이었다. 친구와 함께 서소문동에 있는 시립미술관으로 갔다. 천경자 화백의 작품 기증을 기념하는 전시가 미술관 개관전으로 열리고 있었다.

전시실에는 그의 일생을 조망할 수 있는 '천경자의 혼'이라는 영상물과 함께, 세계여행을 하면서 그린 스케치와 여행풍물화, 자신의 모습을 담은 자화상, 동경 미술학교에 다니고 있을 때의 습작, 인체드로잉, 채색화 등이 전시되고 있다.

1940년부터 1990년대에 이르는 60여 년에 걸친 작품들이다. 그녀가 제일 아끼는 작품 「생태」에서 뱀이 눈을 끈다. 평생을 예술가로 삶을 불태워온 화가이며, 한 여성으로 아름다운 삶을 살아온 자연인으로의 모습이 거기에 있다.

그림을 둘러보고 '화가의 방'이라는 커다란 사진 앞에 걸음을 멈추었다. 생전의 그가 작업을 하던 화실이다. 방금 전까지 일을 하다가 잠시 숨을 돌리고 앉아 있는 그런 모습인, 실물 크기의 사진이 벽 전체를 차지하고 있다. 사진이 하도 선명해서 마치 그분이 실제로 거기 있는 것만 같다. 오래전 그의 화실에 갔을 때, 그날의 모습 그대로다. 나도 모르게 가까이 다가섰다. 그녀의 시선과 마주친다.

"어찌끄나, 새댁 맞소, 잉?" 환청인 듯 들리는 그의 목소리에 붙박인 듯 서 있다. 맞아요 저…. 더 바짝 다가갔다. 어서 와서 앉지 않고 왜 서 있느냐고 손사래를 친다.

아마 1977년이거나 그다음 해였을 것이다. 집 근처 목욕탕이었다. 그분은 안쪽 구석진 곳에 앉아 있었다. 지면을 통해서 낯이 익어설까, 옆모습이 단박에 눈에 들었다. 입구 쪽에 자리를 정한 나는 그쪽으로만 마음이 쏠렸다. 선생님이 앉아 있는 그 옆자리로 옮겨갔다.

막 앉으려는데, 비누조각이 바닥에 눌어붙어 있었던가 하마터면 미끄러질 뻔했다. 그 바람에 들고 있던 목욕대야가 기울어지면서 그

안에 담긴 여러 가지들이 와르르 쏟아졌다. 로션병 하나가 데구르르 구르더니, 뚜껑이 열렸던가 로션이 걸쭉하게 흘러내렸다. 엉겁결에 엎질러진 물건들을 집으려 하니, 어느새 바닥에 흩어진 자질구레한 것들을 주섬주섬 챙겨서 대야에 담아준다. 그리고는 어서 여기 앉으라면서 한 옆으로 비켜 앉는다.

"새댁잉가본디 재바르기도 허요, 잉."

민망함으로 제대로 앉지도 못했다. 쭈그린 내 앉음새가 불편해 보이는지 선생님의 눈길은 내게서 떠나지 않았다. 추워 보인다면서 따뜻한 물을 받아 끼얹어 주기도 했다.

"새댁, 내가 등 밀어주까, 잉."

갑자기 말문이 막혔다. 무슨 말인가를 해야겠다고 어물어물 머뭇거리고 있을 때 어느새 타월을 접은 그의 손이 내 등을 쓱쓱 밀고 있었다.

"정말 분먹 같소, 잉. 무슨 말인가 알것소?" 그 말뜻을 모르지 않는다. 내가 살던 곳 전주全州에서도 살빛이 흰 사람을 볼 때면 분떡각시라고 일렀다.

여름에 피는 분꽃 씨앗이 다 여물면 겉껍질은 새까맣고 더 단단해졌다. 작고 동그란 그 씨앗을 송곳니로 으지적 깨물면 새하얀 가루가 묻어나곤 했다. 흰 가루를 얼굴에 바르고 소꿉장난을 하고 놀았으니 그 말뜻을 어찌 모르랴. 그제야 기어들어가는 소리로 "저… 선생님을 알고 있는데요." 그리고 새댁이 아니라 서른 네댓이라고 했다. 막내가 유치원에 다닌다는 말도 했다. 겉모습을 갖추고 예를 드려도 시원찮은데, 어마두지 얼토당토않는 말을 하고 말았다. 앞뒤 가늠도 없이 후닥닥 자리를 옮긴 것이 서투른 짓거리 같았다는 생각이 들었다.

그이 손길은 내 등뿐 아니라 팔이나 다리까지도 꼼꼼하게 닦고 있었다. 어린아이들을 요모조모 씻겨 주듯이 손 안 가는 곳 없이 비누칠까지 하고서는 물을 끼얹는 것도 잊지 않았다. 그 모든 일들은 익숙한 손놀림으로 이루어졌다. 사양할 겨를도 없었다.

"우리 큰아보다 멧살 우게고만, 잉."

단발머리여서 그런지 아무리 봐도 새댁 같다면서, 그 호칭을 재미있어 했다. 한참이나 물끄러미 바라보고 있다가는 이렇게 말을 했다.

"쪼까 이쪽으로… 이만큼 앉아 보까, 잉."

선생님 옆으로 조금 가깝게 다가갔다. 엷은 햇살이 비치고 있었다. 고개를 들어 올려다보니 머리 위쪽으로 작은 창이 있었다. 햇무리처럼 희끄무레한 빛살은 물 대야에

서 넘실거렸다. 거울 면에 반사될 때처럼 일렁이는 물살에도 눈이 부시었다. 그 빗살이 담긴 대야를 멀찍이 밀어 놓고, 물대야가 놓였던 자리를 가리킨다. 그 자리로 옮겨와 앉으란다.

"인자사 되았고만, 잉."

무엇이 되었는지는 모르지만, 창으로 내려오는 그 빛살은 내 얼굴로 쏟아졌다. 수증기로 가득 싸인 어둑하고 뿌연 실내에서는 으슴푸레한 빛도 밝게 보였다. 마치 안개 자욱한 거리에서 마주 오는 자동차 라이트가 비쳐올 때처럼, 유리를 통해 비치는 부유스름한 밝음 속에 내 모습이 드러나 있었다. 눈이 부시어 조금 비켜 앉을까 싶어 꼼지락거렸다. 얼굴을 비켜난 빛 묶음은 앞가슴을 내리비쳤다. 희끄무레하면서도 우련했다.

봄날이었고, 밖에는 비가 부슬부슬 내리고 있었다. 전날 밤부터 하도 삭신이 쑤시어서 여간해서

는 오지 않던 목욕탕을 왔노라고 했다. 같은 동네에 살고 있으면 웬만한 사람들끼리는 목욕탕에서 가끔씩은 마주치게 된다. 서교동에 살고 있는지가 여러 해가 되었건만 그렇게 마주하기는 처음이었다. 잘 알려진 탤런트 K씨도 드물게는 얼굴을 익히고 있었으니, 모처럼의 발걸음이라는 말이 틀리지는 않을 것이었다.

이런저런 얘기가 오가는 사이에 우리는 금세 친해졌다. 애들 도시락 반찬은 무엇을 만들어 주느냐, 말 안 들을 때는 어떻게 하느냐, 애들 넷은 젖을 먹였느냐, 우유로 키웠느냐, 그렇게 이어지다가 갑자기 "새댁, 우리 집에 가드라고, 잉."

그런 연유로 해서 목욕대야를 든 채, 선생님댁으로 가게 되었다. 젖은 머리에서는 이따금씩 물방울이 묻어나고 몇 걸음 걷다 보면 선생님의 긴 머리칼에서도 물기를 훔쳐야만 했다. 그럴 때마다 마주 보며 웃었다. 골목 어귀에 있는 구멍가게에서 선생님은 담배 몇 갑을 사고 소주도 두 병인가를 사서 목욕대야에 담았다. 대문 앞에 서니 라일락 향기가 짙게 피어났다. 그리고 이층 화실로 올라갔다. 바로 그 화실이, 생전의 선생님 몸피만한 사진으로 시립미술관 전시실 벽에 걸려 있는 '화가의 방'이다.

그 화가의 방에는 물감이며 붓 그리고 다른 화구들이 놓여 있었다. 비슷하게 생긴 회구들도 크기에 따라 가지각색이었다. 붓만 해도 몇 개쯤은 될 것이다. 이렇게 숫자로 셀 수 있는 그런 게 아니었다. 수십 개씩이나 되는 붓이 백자 필통 여럿에, 또 작은 단지들에 담겨 있었다. 작업을 하다가 일어선 듯 작고 큰 접시마다 색색깔의 물감들도 그대로 있었다. 가슴이 몹시 뛰었다. 화가의 방'에 앉아 있음이 하도 신통했다.

놀라운 것은 그의 화실에 발을 딛는 순간 스펙터클을 이루는 그림들이었다. 여기저기서 움직이고 수런거리는 소리가 들렸다. 벽에 걸린 액자에서는 사람들이 어정거리며 걸어 나온다. 나른한 모습으로 누워 있는 여인들은 기지개를 켜며 일어나 앉는다. 슬픔이 담긴 그 큰 눈은 누군가를 기다리는 듯 연신 창밖으로 시선을 옮긴다. 꽃의 여신 플로라도 거기 있다. 꽃무늬진 스카프, 검은 고양이, 트럼프나 술병까지도 움직이고 있다. 꽃을 안은 여인들도 천장을 난다.

한 묶음의 꽃다발에서는 꽃잎들이 흩날린다, 방 안 가득 꽃잎들이 쌓인다. 나비가 날아든다. 미처 벙글지 못한 꽃봉오리들도 벙싯거린다. 영롱한 색채들이 환성을 울린다.

그뿐이 아니다. 뱀들도 기어다니고 있다. 꽃뱀, 실뱀 그리 고 푸른 독사까지 셀 수 없이 많기도 하다. 수십 마리의 뱀 들은 한꺼번에 똬리를 감거나 또 긴 폼을 서리어 내 몸을 금방이라도 친친 감겨들려고 한다. 방 안 구석구석까지 헤아릴 수 없을 만큼 그 숫자는 불어난다. 뱀끼리 엉키고 꼬여, 서로 어우러진 그 모습이 하도 섬뜩해서 꼼짝도 못하고 옴츠리고만 있었다. 나도 모르게 발을 의자 위로 올려놨다. 눈을 꼭 감았다. 등 뒤쪽으로 스멀스멀 기어오르고 있었다. 소스라쳤다.

소름끼치게 무서우면서도 슬쩍슬쩍 곁눈질을 한 것은 맞은편 벽에 걸린 「생태」라는 뱀 그림이었다. 눈길이 그곳에만 머문다. 차라리 그 방에 들어서자마자 처음에 앉았던 창문을 마주한 그 자리가 되레 좋을 성싶었다. 시선을 창밖으로 돌릴 수 있어서였다. 엉거주춤 일어서려고 하자 그는 팔을 저었다. 아서라고. 그리고선 창문을 대각선으로, 엇비슷한 자리에 나를 앉게 했다.

젊은 시절의 앨범과 '화가의 방'에 있는 그림들에 얽힌 이야기를 한참 재미나게 하고 있었다. 손가락에 끼운 담배 한 개비가 다 타들어가고 있었어도 환한 웃음에 갈무리된 남도 사투리의 친근함은 그칠 줄 모르고 이어졌다. 차를 마시라고 했던 것 같은데 그 음성도 듣는 둥 마는 둥 했다. 벽에 걸린 뱀 그림에만 마음이 쓰였다. 나도 모르게 얼굴이 누르락푸르락했던가. 눈더듬으로 짐작하여 헤아렸는지 걱정스레 물었다.

"새댁, 아픈갑소, 잉."

속이 좀 거북하다고, 엉너리쳐 얼버무리고 말았다. 어느 작품 하나 허투루 여기지 않을 터, 「생태」는 작가 자신이 가장 애착을 갖는 작품이었다. 한국 화단에 그의 존재를 각인시켜 준 계기가 되었으며, 그의 삶 동안 그의 작품에 자주 등장하는 모티브였다.

어려서 친구와 나물캐러 갔다가 치마허리에 매는 각띠인 줄 알고 만진 것이 꽃뱀이어서 친구가 죽었다는 지난 얘기도 알고 있다. 그 순간 무서운 마음이 들긴 했어도 언젠가는 꽃뱀을 그려야겠다는 생각을 늘 해왔다고 한다.

「생태」를 그렸을 때는 그가 20대 후반이었다. 서울에서 전시회를 마치고 광주로 내려가는 3등 열차 칸에서였다. 언뜻 환상으로 비치는 정경이 있었다. 실뱀 두 마리가 찔레꽃 사이로 스르르 지나는 모습이 눈에 어리었다.

어릴 때 뱀에 물려 죽은 친구로 해서 꽃뱀이 유다른 기억으로 있었으니, 기차 칸에서의 실뱀에 대한 그의 환상은 전 혀 새로움이 아니었다. 예술적으로 구현되는 계기가 되었을 뿐이다.

광주에 내리자마자 광주 역전에 있는 뱀 집을 드나들기 시 작했다. 마작으로 가산을 탕진한 아버지와 폐병을 앓는 여동생을 돌보며 극심한 생활고에 시달리고 있던 그 무렵. 그 여동생의 죽음, 자신의 순탄치 못한 결혼의 파경, 가정을 가진 한 남자와의 만남 등, 한꺼번에 밀려온 시련을 극복하기 위해 뱀 집 앞에서 날마다 서성거리며 시간을 보내고 있었다.

그가 처음 그린 뱀은 꽃뱀이 아니었다. 한 뭉텅이의 푸른 독사였다. 죽을 것처럼 숨이 막히고, 징그러워서 몸서리치며 스케치를 했다. 고통을 극복할 수 있는 길은 그 방법밖에 없었다.

서른세 마리를 그렸다. 나중에 그의 연인이 35세의 뱀

띠라는 것을 알고 다시 두 마리를 더 그렸다. 그래서 '뱀'은 순탄치 못한 그의 삶을 극복하는 상징적인 표현이었다고 한다.

최순우 씨가 박물관장으로 있을 때, 그의 권유로 「생태」를 박물관에 기증했다가 작품에 대한 애착으로 1년 만에 다시 찾아온 일이 있었다. 그런 일화가 있던 작품을 눈앞에 두고도 뱀이라는 섬뜩함으로 가까이할 수 없음이 못내 아쉬웠다. 궁금한 것이 오죽 많았으며 듣고 싶은 얘기는 또 얼마나 많았던가.

어쩔 수 없이 그 방을 나서고 말았다. 저 뱀 그림 때문이라는 말을 할 수가 없었다. 생각해 보면 그 얘기를 했다 해도 노여워하지는 않았을 것이었다. 오히려 다정한 마음으로 치워주었거나 보이지 않게 그 그림을 가려주었을 것이다.

대문을 나서려고 할 때 내 머리칼을 만져보면서 이런 말을 건넸다.

"새댁, 머리 쪼까 길러 보까, 잉. 이만큼…."

내 어깨에 손을 얹으면서, 여기쯤 길어지면 좋겠다고, 내 등을 토닥거렸다. 머리가 그만큼 길어지면 꼭 한 번 들르라면서 손을 흔들었다.

그렇게 헤어진 후, 두어 달이 지났다. 셋째 녀석이 열이

나서 막 병원에 가려던 참이었다. 전화를 받았다. 머리 좀 길었느냐고 처음 만나던 날 내게 했던 그 말을 잊지 않고 물었다. 아이가 괜찮아지면 며칠 새 들르겠노라고 했지만, 아이의 병은 유사장티푸스라고 해서 근 한 달여 동안 병원을 다녀야만 했다. 어영부영 몇 달은 금방 갔다. 또 한 번의 전화를 받았지만 마침 시어른이 계시어서 차일피일 미뤘다.

여름도 가고 겨울로 접어들었어도, 맞춤한 기회를 얻지 못했다. 나와 만난 한나절은 하마 기억에서 지워졌을 것 같고, 더구나 두문불출 사람을 가까이하지 않는다는 얘기를 들었던 터, 새삼 찾아간다는 것이 쑥스럽기도 했다. 그리고 오늘에 이르렀다. 이십몇 년이 흘렀다.

그에게 가지 못한 핑곗거리는 또 있었다. 그의 작품 꽃무리 속의 여인과 꽃너울은 나의 동경이었다. 꽃내음이 우러나는 그 그림을 가지고 싶었지만 화랑에서 장삿속으로 부르는 천정부지의 그림 값은 나를 안타깝게 했다. 화랑에 늘 상 진열되어 있는 그의 작품이 아닌지라, 아름아름 손이 닿아 그림을 가진 임자 쪽에서 요구하는 금액을 준비해 가지고 나가보면, 어느새 그림 값은 부른 값의 곱절이 넘는 것이다. 그렇게 거듭되는 세월 속에서 깨금발을 디뎌보고, 디딤돌을 고여 봐도 결국 그의 그림을 가지지 못했다.

'길례언니'까지도 살갑게 느끼고 있었으니 누구보다도 나의 선망은 이뤄져야만 했다. 그래야만 그 그림을 안고 선걸음에 달려가-선생님께 자랑을 하고 싶었다.

언제일지도 모르는 그런 날을 손꼽았지만 많은 세월이 지난 뒤에야 그런 생각이 부질없음을 알게 되었다. 하지만 그렇게 소원하며 기다린 시간이 그리 헛된 것만은 아니었다. 봉숭아 꽃물을 손톱에 들이면 빨갛게 물이 들듯, 애타게 가지고 싶었던 꽃너울의 화사한 색채가 내 마음 밭을 어느새 곱게 물들이고 있었다.

아직도 아픔으로 남는 것은 그가 내게 보낸 우연한 시선이다. 오롯이 그 교분을 감싸고 싶었는데, 무던히도 그리던 그와 나의 가교를 허물어버린 것은 언젠가는 그의 그림을 가진 뒤에 자랑을 하러 가야겠다고 욕심을 부린 내 어리석음이었다.

얼마나 미련스러웠는가를 깨닫게 된 그 후, 어쩌다 전시회에 갈 때면 그의 작품 앞에서 목을 축이는 것만으로 만족한다. 그런데도 전시장을 빠져나올 때면 가장 소중한 무엇을 빠뜨리고 나오는 것처럼, 돌아서는 걸음이 무겁기만 해서 몇 번씩이나 걸음을 멈추는 것은 어쩐 일이며, 아직도 가슴 한구석이 시린 것은 무슨 조화인지 모르겠다.

머릿속에 떠올리는 것만으로도 가슴을 적시는 작품이 있다. 「내 슬픈 전설의 49페이지」이다. 그 작품은 목욕탕에서 처음 만난 그 즈음에 발표되었다. 아프리카 기행을 토대로 꼬박 1년에 걸쳐서 제작했었다.

화면 중앙에 커다란 코끼리 두 마리가 있고, 코끼리 뒤쪽으로 기린 두 마리가 긴 목을 쳐들고 서있다. 사자나 호랑이, 얼룩말 등, 다른 짐승들은 멀찌감치 보인다. 그 큰 코끼리 등

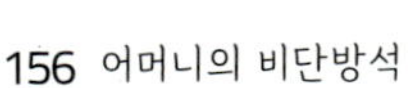

위에 아주 작은 나신의 여인이 웅크리고 앉아 있다. 그곳은 열대의 초원이다. 작열하는 태양 아래 길게 늘어뜨린 머리, 무릎 사이로 고개를 떨군 맨살의 여인이 쭈그리고 앉아 있다.

그 큰 작품 앞에 섰을 때 외로움으로 가슴이 뭉클했다. 모든 것으로부터 소외된 짙은 절망. 그의 상심이 예리한 아픔으로 내게 전해져왔다. 울걱 치미는 뜨거움으로 이내 시계가 부옇게 흐려졌다.

그날 이후, 지워지지 않는 그 선명한 이미지는 나를 화두처럼 붙잡고 놓아주지 않았다. 그때의 애달픔이, 여물지 못한 그 아픔이 내 안에 통증으로 남아 있었다. 목욕탕에서 그를 만난 순간에 그 통증이 섬뜩한 느낌으로 되살아났지만, 그럴 만한 자리가 아니어서 궁금한 마음을 묻어 두고 말았다. 화가의 방'에서도 입을 열지 못함은 그의 화사한 웃음 때문이었다.

「내 슬픈 전설의 49페이지」는 그의 자전적인 작품이다. 102×146cm의 크기였으니 만만찮은 대작이다. 어느 작품에서나 그의 삶이 흔적으로 남아 있지만, 이 작품 속에 담겨진 모티브는 작가 자신에서 비롯됨이 더욱 강하다.

마흔일곱이던 해, 20년에 걸쳐 만나고 헤어지고 다시 만나며 아이 둘을 낳고 함께했던 연인, 그 연인과 결별했다. 그리고 3년 뒤 「내 슬픈 전설의 49페이지」를 완성한다. 이미 그때는 18년간 재직했던 홍대 교수직을 사임하고 작품 제작에만 열중하고 있었다. 같은 그해 『문학사상』지에 자서전을 연재하기도 했다.

돌아보면 목욕탕에서 만났던 그 무렵이 홀로 칩거하던 때였음을 나중에서야 알게 되었다. 외출도 안 하고 그림에만 매달려 있다는 말을 그때 들었지만, 작품에 대한 욕심이려니 그렇게 여겼을 뿐이었다.

그런 연유를 알게 된 뒤에야 「내 슬픈 전설의 49페이지」에 드러난 고독, 질곡 많았던 세월의 회한, 그 절절함을 짐작할 수 있었다. 상처가 깊어서 비명소리도 지르지 못할 때, 그 통곡은 예술로 승화되어 한 편의 그림으로 표현되었을 것이다. 정한情恨으로 무늬진 세월을 되돌아보며 붓을 옮기고 글을 풀어낸 나날이 가슴 저미는 아픔이었으리라.

그때를 회상하면서 어느 기자와의 대담이 미술계간지에 실린 일이 있었다. 연인과 헤어지기로 결심을 굳히던 그때의 이야기였다.

"8개월의 긴 여행을 하면서 나 자신을 돌아보는 많은 시간을 가졌어요. 유럽에서 중세기의 그림들을 만났을 때 나는 큰 충격을 받았어요. 그 위대한 그림들 앞에서 나는 모든 덧없는 것들을 끊어버리자고 다짐했습니다. 이런 식으로 살아서도, 이런 식으로 그려서도, 안 된다는 것을 아프게 깨달았어요."

그때 돌아와서 그린 그림이 「이탈리아 기행」이다. 71~73년에 그렸다. 그 작품의 완성과 함께 그의 사랑은 끝이 난다.

"여행 중에 일본 여류작가의 소설 『그때가 왔다』를 읽었어요. 연하의 남자를 사랑하는 한 중년 부인이 자신의 사랑을 '썩은 다리'에 비유하는 대목이 있어요. 언젠가 무너질 다리, 더 이상 가다가는 돌아오지 못한 채 다리가 무너질 것이라는 생각을 한 그 여자는 헤어지기로 결심을 하지요. 나도 귀국하는 비행기에서 북극의 빙하를 내려다보면서 갈라서자고 마음먹었어요. 같은 땅에서는 차마 못 헤어질 것 같아 외국으로 떠나려 했는데, 여행을 끝내고 같은 땅으로 돌아오면서 헤어지는 결심을 하게 되었지요. 오늘처럼 라일락이 만발한 그런 날이었지요."

그의 연인에 대한 추억은 또 있다. 그는 눈썹이 유난히 적어서 늘 눈썹을 그려야만 했다. 여름 날 땀을 흘린 화가에게 연인은 손수건으로 흐르는 땀을 닦아주면서도 눈썹은 지우지 않더란다.

1980년, 나는 잠시 인도네시아에 머문 적이 있었다. 남편이 인도네시아에 근무하고 있을 때여서 발리에 갈 계획을 세웠지만 이뤄지지 않았다. 여학교 다닐 때 구경한「남태평양」이라는 영화 때문일까, 발리는 늘 뇌리에서 떠나지 않았다. 그러다가 87년에야 그 계획은 이루어졌다.

남편과 같이 근무하는 동료 한춘연 씨가 인도네시아 수자원 개발청 발리지구 기술용역단장으로 체재하고 있었다. 그런 그곳에서 반가운 소식을 들을 줄이야. 천경자 화백이 미국에 있는 따님과 함께 일주일간 머물다 갔다는 것이다.

국립현대미술관이 과천으로 옮겨 개관할 때, 전시작품으로 인물화를 의뢰받았던 것이다. 그의 발리 여행은 그런 이유였다. 한 단장님은 그를 위해 발리의 관광 안내를 해드렸고, 또 하루는 한 단장님 댁으로 오신 선생님이 인도네시아 전통의상을 입은 가정부를 모델로 그림을 그렸다고 한다.

그 일이 있은 뒤부터 작품전이 있을 때면, 스물 네댓이었던 '와띠' 라는 이름의 그 발리 아가씨를 눈여겨 찾아본다. 개인 소장으로 깊숙이 간직되었는지 '와띠'도 만날 수가 없다.

그의 그림에 등장하는 여인들의 머리나 귓가에 꽂아 장식하는 하얀 꽃을 볼 수 있다. 그 꽃은 열대지방을 다니다

보면 쉽게 눈에 띈다. 플루메리아(plumeria)라는 영문표기와는 다르게, 인도네시아에서는 Frangipani라는 이름으로 불리는 흰색 꽃이다. 고무나무 비슷한 커다란 나무에서 일 년 내내 피고 진다. 여름에 피어나는 나팔꽃 크기만 한데, 꽃잎이 다섯 장으로 갈라져 있다. 꽃술은 따로 없고 중심 부분이 노르스름한 빛깔이다. 그의 유명한 작품 「미인도」를 떠올리면 쉽게 기억할 수 있다. 그림 속 여인의 머리 위에 얹혀있는 꽃이 바로 그 꽃이다.

그 꽃은 나무에서 떨어져도 갓 피어난 꽃처럼 싱싱하다. 뜨거운 햇살 아래여서 단 몇 분만 지나도 시들어버리는 다

른 꽃들에 비해, 화엽花葉이 도톰해서 그런지 한나절이 지난 땅에 떨어진 꽃을 주워도 멀쩡하다. 그 꽃을 볼 때면 나는 그냥 지나치지 못한다. 그 꽃을 귓가에 꽂거나, 유리그릇에 물을 담고 꽃잎을 띄워두곤 했다. 더운 나라인데도 며칠씩 그대로 시들지 않는다.

인도네시아 잔칫집에 초대받아 갔을 때 알게 된 일은, 입구에서 오는 손님마다 하얀 꽃을 머리나 옷깃에 꽂아 주며 반갑게 맞이하는 모습을 볼 수 있었다. 환영한다는 의미로 그 꽃이 쓰이고 있었다.

그가 발리에 있는 동안 꽃을 실에 꿰어 만든 '레이'를 즐겨 목에 걸고 다녔다는 얘기를 들었다. 또 여기저기 들르는 곳마다 그의 발걸음이 머물렀다는 이야기를 들으면 괜히 마음이 설레었다. 똑같은 사물에 같은 느낌을 공유했다는 것이 왠지 뿌듯했다. 그 후, 어쩌다 여행지에서 그 꽃을 마주하게 되면, 그분을 떠올리게 된다. 따습고 환한 회상에 잠기면서.

이어질듯하면서 어긋나는 세월은 그렇게 흘러가고 있었다. 그러면서 엄청난 소용돌이를 그는 겪게 된다.

1991년도에 있었던 「미인도」 진위사건이다.

과천 현대미술관은 「미인도」를 두 점 소장하고 있다. 인물화의 대표적인 화가였던 이당 김은호 선생의 작품과 천경자 화백의 작품이다. 이당 선생은 왕실의 초상화를 제작했을 만큼 독보적인 명성을 누린 대가였다.

이당의 「미인도」는 비단에 먹으로 섬세한 묘사법을 쓴 세필화이다. 신윤복의 「미인도」처럼 트레머리를 하거나, 저고리 춤이 짧고, 폭이 넓은 치마를 입은 에로티시즘이 느껴지는 그런 여인은 아니었다.

복사꽃이 만발한 꽃나무 아래 작달막한 키의 한국 여인이 한 손으로 치맛자락을 걷어잡고, 오른손으로는 자주 고름을 만지작거리며 우아한 포즈를 취하고 있는 그림이다. 우리 동양화에서 오랫동안 보아왔던 화풍이다.

또 한 작품은 천경자 화백의 「미인도」이다. 화선지에 원색으로 화려하게 채색된 꽃과 여인이 화면 속에 있다. 그의 작품에서 쉽게 대할 수 있는 그런 여인의 모습이다. 열대지방에서만 볼 수 있는 흰 꽃을 머리에 화관처럼 장식하고, 맨살의 여인 어깨 위에 호랑나비 한 마리가 날개를 접고 앉아 있다.

환상적인 색채가 도드라진 그의 「미인도」는 실재감 있는 인물화를 보아왔던 우리에게는 짙게 풍겨나는 이국적인 정취 때문에 다소 낯이 설기도 했다. 그 그림의 제작연도는

1977년이고, 천경자 화백의 서명도 있었다.

현대미술관에서는 91년 '움직이는 미술관'이라 해서 그 「미인도」를 복재해서 판매하고 있었다. 어느 날 작가는 자신의 작품이 아니라고 항의를 했다. 진위 시비는 그렇게 해서 발단되었다. 화랑협회 감정위원회에서는 70년대 화풍과 화집 등을 통해 면밀히 감정한 결과 진품이라 했고, 화가는 아니라고 했다.

작가는 그림에 그려진 나비, 흰 꽃, 머리카락 등이 치졸하다 했고, 감정기구에서는 현미경 촬영에 의한 화질검사, X선, 적외선, 자외선 촬영 및 그림에 사용된 안료까지도 그 무렵의 다른 작품들과 일치하다는 것과 작품 유통경로가 확실하다는 점을 들어 진품이라고 판정했다. 다시 얼마 뒤 진품 판정이 불가능하다는 보도와 함께 그 사건은 미궁에 빠지고 말았다.

그는 절필을 선언했다.

"자기 자식도 구분 못하는 에미가 어디 있을 것이냐. 그 작품에는 내 혼이 없다."

자신의 억울한 마음을 그렇게 표현하며 분노했다. 미술계에서는 되레 나이 든 탓으로 미루며 곧이들으려 하지 않았다. 그의 나이 그때 60대 후반이었다. 결국 작품 활동을 접고, 예술인 모두가 바라는 예술원회원의 명예를 버리고 그녀는 미국으로 떠났다.

그때 사람들이 노망났다고 그녀를 내몰았던 것처럼, 정말 여든 되는 지난여름 치매를 앓는다는 신문기사를 본 일이 있다. 한 시절이 저무는 것을 실감하게 된다. 그가 진위시비로 겪었던 십여 년은 짧다고는 할 수 없는 시간들이었다. 창작하는 예술인으로서는 그 사이에 더 많은 대작과 걸작이 나왔을 법한 시기였을 것이다.

꽃으로 치장한 환각적인 여인은 그가 창안해냈다. 어찌 보면 꽃, 여인, 동물의 모티브나 색채는 러시아 화가인 샤갈을 연상케도 하지만, 꽃으로 장식한 그의 여인들은 고갱의 작품에서 더욱 가깝게 만날 수 있다. 꽃의 형태뿐 아니라 색채에서도 강하게 드러난다.

그가 찾아간 태평양의 타히티에서 문명의 허구를 기피하고 그곳에 정착했던 고갱의 넋을 초혼招魂하다가 기진했다는 글을 읽은 일이 있다. '꽃과 여인'의 주제에 흥미를 가진 그에게는 남다른 만남이었을 것이다.

생각해 보면 그의 작품 모두를 시립미술관에 기증하는 결정으로 그의 아픔을 나타낸 것이 아닐까 싶기도 하다. 그를 위한 상설전시관이 문을 열었을 때는 이미 병으로 누워,

자신의 작품이 영원히 전시될 그 전시장에 발걸음 한 번 내딛지도 못한 채였다.

진위 시비가 있은 후로는 과천미술관에서 「미인도」를 전시실에 걸어두지 않고 수장고에 넣어두고 있다. 어쩌다 미술관에 들를 때면 「미인도」가 걸려 있던 자리를 눈으로 어림짐작해 본다. 그리고 씁쓸한 마음으로 돌아선다. 진위로 휘말렸던 그림과 그 그림 속 여인을 떠올리면서.

그림 앞을 지나는 이들의 걸음을 멈추게 했고, 부러움의 눈길을 한몸에 받았던 여인이었다. 이제는 비웃음으로 수모를 당하고 허접처럼 버림받아 어두운 창고 속에서 먼지를 쓰고 있는 여인, 속마음을 털어놓지 못하고 가슴앓이를 했을 그 여인의 큰 눈에 담긴 허망함과 우수를 기억

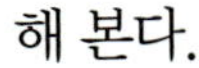

해 본다.

진위 시비가 있었던 일도 어느덧 십여 년이 흘렀다.

한때 그의 작품이라고 뽐냈던 그림 속 여인만이 진실을 알고 있을 것이다.

옷깃을 스치는 순간이 또 있었다.

큰딸아이가 미술세계라는 잡지사에 근무하고 있을 때였다. 밝은 얼굴로 집에 돌아온 아이는, "엄마, 나 오늘 천경자 선생님댁에 갔었어요."

"어떻게, 무슨 일로 갔었어, 나한테 말을 좀 할 일이지." 숨도 쉬지 않고 다그쳤다. 딸아이는 갑작스런 일이어서 당황했던지 다음 말을 잇지 못하고 있었다. 한참만에야 자초지종을 들을 수 있었다.

딸아이는 그해 가을에 호암아트홀에서 있을 선생님의 회고전 특집 인터뷰 때문에 편집부장을 따라 선생님댁에 가게 되었다. 그냥 간 게 아니라, 딸아이가 간수하고 있었던 『꿈과 바람의 세계』라는 화문집畵文集을 들고 갔었더란다. 그 책은 딸아이가 중학교를 졸업할 때 졸업 선물로 내가 사준 책이었다. 엄마가 아꼈던 책이라고 했더니 빛바랜 누런 책을 한참이나 펼쳐들고 계시더란다.

딸아이가 나한테 미리 말을 했다고 해서 달라질 것은 없었다. 그 옛날 우연히 만난 한나절은 벌써 기억에서 지워졌을 짧은 시간이었을 테니, 그는 그때 일을 까맣게 잊어버렸는지도 모를 일이다.

"엄마도, 그런 일이 있었으면 진즉 우리한테 이야길 해주시지. 그랬으면 아까 선생님 뵈었을 때, 엄마의 그런 사연을 전했을 것인데….”

그날 딸아이는 요즘에는 무슨 글을 쓰고 계시냐고 선생님께 물었다고 했다.

글을 쓰고 싶어서 얼마 전에는 백화점에 가서 초를 사왔다고 한다. 예전에 글을 쓸 때면 늘 촛불을 밝혔는데, 웃음거리를 쓰고 있어도 울음이 복받치더라고…. 글을 쓰다가 눈물을 닦으면 초는 제 몸을 태우면서 촛농으로 울음을 대신하고, 그렇게 초와 하나 되어 밤을 새웠다는 것이다.

색깔이 고우면 글일 풀릴까 싶어서 요즘에도 촛불을 켜두고 있단다. 촛불은 여전히 눈물방울을 흘리고 있는데, 가슴이 메말랐는지 단 한 줄의 글줄도 쓸 수가 없다면서 붉은색 양초 하나를 보여주더라고 했다.

살다 보면 외로움이 깊어지는 그런 시간들이 있다. 바람에 나부끼는 나뭇잎, 가로등의 어슴푸레한 불빛, 전화선을 타고 들려오는 사랑하는 사람의 목소리는 가슴에 파문을 일으킨다. 그는 '푸닥거리하듯 글을 쓴다.'고 했다. 그 푸닥거리를 못하고 있으니, 항상 곁에 이웃처럼 공존하고 있는 고통, 설움, 눈물의 봇짐들을 풀지 못해서, 그 막막함을 어찌 다 끌어안고 있었을까.

그날 선생님이 주셨다면서 딸아이는 다음 해 달력을 들

고 왔다. 제 방 벽에 걸어두고서 들고나며 애지중지하더니 해가 바뀌어도 늘 그 자리에 걸려 있었다. 나도 가끔씩 딸아이 방에 건너가서 그 달력을 한 장 한 장 넘겨보곤 했다. 돌이켜보면 우리 두 딸과 나, 세 모녀는 천경자 화백을 향한 고임이 누구보다도 깊었던가 보다.

둘째 딸아이가 시집을 갔을 때였다. 살림살이가 웬만큼 정돈되었다면서 친정식구들을 부르던 날이었다. 거실에 들어서자 눈에 띄는 그림이 있었다. 어미가 마련해 준 그림 몇 점도 한쪽 벽에 장식되어 있었지만, 낯선 그 그림은 내 손을 거치지 않았기에 한눈에 알 수 있었다. 천경자 화백의 작품이었다. 네모진 플라스틱 쟁반에 프린트되어 있었다. 두 점을 사서 하나는 제 언니에게 주었다는 것이다. 어찌해서 어미만 빼놓을 수가 있느냐고 서운함으로 물었다.

"엄마가 천경자 선생님을 좋아하는 줄을 몰랐어요."

어릴 때부터 무엇인가 좋다고 생각하면 나는 남에게 자

랑을 못했었다. 혼자 품고만 있었다. 먹을 것도 아낀다고 감춰두고서 썩히는 일이 많기도 했다. 그래서 늘 언니나 오빠에게서 놀림을 받았고, 아껴둔 맛있는 것까지도 다 가져가버렸다. 그렇다고 노여워서 울어본 적도 없었다. 되레 마음이 흐뭇했었다. 그래선지 내 어머니의 자잘한 헝겊쪼가리 하나도 수십 년이 지난 오늘까지 깊숙이 간직하고 있다. 그런 내가 어찌 그분과 나눴던 어느 날, 그 일을 입 밖에 낼 수 있을까. 발설한 그 시간 이후로 그 일은 내게서 떠난 하찮은 이야깃거리밖에 아니 되었을 것이 뻔한데.

1995년 11월. 호암미술관에서 회고전인 '천경자 – 꿈과 정한情恨의 세계'를 끝으로 그는 화가로의 활동을 접었다. 그리고 큰딸이 있는 뉴욕으로 갔다. 그런 뒤 1998년 9월 자신의 소장품 모두를 서울시립미술관에 기증했다. 같은 해 11월. 작품 93점을 인수하러 그분 자택으로 갔던 미술관계자의 회고담을 적어본다.

"작품 한 점 한 점에 담긴 의미가 자시의 삶과 천착된 때문인지 깊이 보관해 둔 작품을 자신의 손으로 건네주면서 마치 살점을 떼어 주듯 아파하시었다. 그런 노 화가의 모습을 바라보면서 뭉클했던 그때의 감회가 아직도 생생하다. 작품을 떼어낸 텅 빈 벽을 비워둔 채 미술관으로 향했던 우리의 마음이 무겁기만 했다."

그는 1924년 전남 고흥에서 태어나, 어린 시절을 유복하게 보냈다. 명창을 불러모아 잔치벌이기를 즐기는 집안에서 판소리 가락을 흉내내며, 동네에 들어온 서커스 소녀를 동경하고, 그의 글과 드림에 모델로 나오는 '길례언니'는 우리 모두 낯익은 얼굴이다. 한마을에 살던 그 언니가 소록도 병원에서 간호원으로 일할 때, 원피스를 차려입고 마을에 나타나는 그때부터 부러움의 대상이 되었다.

어려서부터 화가가 되고 싶었던 그는 집안의 반대를 무릅쓰고 실성한 사람 시늉까지 하며 가족을 설득한다. 한 처녀가 문밖으로 나가는 것이 금기로 여겨지던 그 시절, 국내도 아닌 먼 나라는 천지개벽이었을 것이다.

불가능이라는 인습을 박차고 미술의 명문인 동경미술 전문학교로 유학을 떠난다. 나혜석, 박래현, 이종숙 등이 거쳐 간 학교였다. 그곳에서 담채의 기법으로 인물화에 몰입하기 시작한다. 그리고 선전鮮展으로 데뷔하며 한때 모교인 전남여고에도 잠시 있었다.

어떤 화가에게서도 찾아볼 수 없는 독특한 예술언어로, 자신이 꿈꾸고 그리워하는 동경의 세계를 그림 속에 담아내던 화가. 그림 곳곳에 꽃을 한 아름 안고 어딘가 먼 곳을 응시하고 있는 여인들. 심드렁한 듯하면서 큰 눈에 고인 슬픔을 보면 형언할 수 없는 신비감을 느낀다. 화폭에 그려진 그의 여인들이다. 애틋한 삶이 그곳에 있다.

"그림 속의 여자는 그린 사람의 본인이고, 꽃과 뱀, 머리에 얹은 것도 한이 많아서 머리에 뭘 인다. 정신에 필요한 영양소 같다."

또 이런 말도 있다.

"나의 작품은 과거의 추억을 되살리고, 미래 세계를 상상하며 오늘의 꿈을 담은 한 폭의 드라마이다. 슬픈 생애의 단면, 화사한 보랏빛 행복, 꿈을 머금은 꽃, 나래를 펴는 나비, 그 길은 여인의 한이다."

여인과 꽃은 그의 트레이드마크일 것이다.

야생화보다도 더 아름답고 화사한 색깔들로 어울린 화폭. 어린 날 친구의 죽음으로 해서 얼핏 스친 그 정경이 한 작가의 일생을 매달리게 했던 뱀 그림. 꽃무리와 꽃너울의 그 매혹적인 색채들이 내뿜는 애상을 누가 흉내 낼 수 있을까. 그의 생활 속에 응집된 감성일 것이다.

그의 화폭에 그려진 꽃의 상징은 아름다움의 본질이기도 하지만, 생명의 덧없음일 것이다. 꿈과 환상으로 펼쳐지는 화폭마다 '맺힌 한을 풀고 싶어서 글을 쓴다.'고 말한 것처럼 화사한 색채로 메워지던 쓸쓸함. 갈등을 빚고 있는 고통의 대상을 절대 고독을 녹여 빚은 상상의 세계로, 그렇게밖에 표현할 수 없었으리라.

동네 목욕탕에서의 해후가 '화가의 방'으로 이어졌던 어느 봄날, 그날의 삽화는 아직도 생생하게 마음속에 간직되어 있다. 섬세한 손가락 사이에서 모락모락 피어오르는 담배연기도, 환한 웃음도, 소주잔도, 보랏빛 홈웨어에 젖은 머릿결까지, 그의 모습 어디에도 허허로움은 보이지 않았던 그때, 천진스런 소녀 같기만 한 그런 날이었다.

자신의 그림을 글로 풀어 보여주는 멋진 글쟁이로, 그의

환상과 사랑, 질곡의 삶까지도 나는 사랑한다.

다시 한번 전시실을 둘러본다. '화가의 방' 앞에서 걸음을 옮긴다. 언제쯤 다시 오겠느냐고 묻는 목소리를 들을 수가 없다.

친구와 함께 정동 길을 걸으며 가슴에 담긴 그의 잔영을 새겨본다. 그때 그를 만났던 봄날의 한나절을 떠올린다.

'송어'를 들으면서

나는 지금 TV 영상으로 지휘자 다니엘 바렌보임의 '70회 생일 기념 연주회'를 시청하고 있다. 연주곡목은 슈베르트의 피아노 5중주 '송어'다. 바렌보임을 주축으로 젊은이들 넷이 무대에 섰다. 그들의 연주에 귀 기울이다 보니 오랫동안 가슴속에 각인되었던 영상이 떠오른다.

그 영상은 오래전 자클린 뒤 프레와 그녀의 남편이었던 바렌보임과 아이작펄만 · 핑커스주커만 · 주빈메타와 함께 '송어'를 연주한 또 다른 동영상이다. 세계적으로 이름을 떨치는 이십 대의 젊은이들이었으니, 비록 화면에서지만 그 자체만으로도 빛나는 무대였다.

피아노와 네 개의 현악기 연주자들이 서로의 눈빛을 교감하며, 변주되는 '송어' 멜로디를 주거니 받거니 노닐고 있었다. 경쾌한 멜로디는 마치 맑은 시냇가에서 송어가 뛰어

놀고 있는 것처럼 들렸다. 낚시꾼이 낚시를 드리워도 물이 맑아서 고기가 안 잡히므로 일부러 물을 흐려놓고 고기를 잡는다는 이야기의 음악이다.

그들 다섯 사람은 평소에 가까운 친구들이었다. 바이올린 연주자인 핑커스주커만이 비올라를, 제2바이올린 대신에 당시 지휘자인 쥬빈메타가 더블베이스를 맡았다. 예외적인 악기 편성에 놀라웠으며, 자신을 내세우지 않고 새로운 하모니를 만드는 완숙된 연주에 감탄을 했다.

눈길을 뗄 수 없었던 연주자가 재클린 뒤 프레와 바렌보임이었다. 그 동영상은 두 사람이 결혼해서 두 해가 지난 1969년에 연주한 작품이었다. 기회가 있으면 꼭 한 번 실연을 보고 싶었는데 마침맞게 영상으로 만날 수 있었다. 내가 화면으로 만났을 당시인 1980년경에는 그들은 이미 남남이 되었고 뒤프레는 병중에 있을 때였다.

어린 시절부터 신동이라고 불리었던 뒤 프레는 피아니스트인 어머니에게서 네 살 때 첼로를 선물받아 당대 거장들에게서 공부를 했다. 열여섯에 런던과 뉴욕에서 데뷔 무대를 가져 세계적인 첼리스트로 이름을 떨치게 되었다.

영국의 자랑이었던 그녀가 스물세 살이 되면서 바렌보임과 결혼을 강행했다. 유대교로 개종은 물론 영국 국적도 버렸다. 결혼 후 활발하게 활동을 하던 그의 열정적인 연주가 시원찮아졌다. 연주 도중 활을 놓치는 일이 잦았다. 바렌보임은 물론이지만 비평가들의 혹평도 뒤따랐다. 뇌세포가 굳어져 시력이 나빠지고, 근육이 마비되어 더는 연주할 수 없다는 진단을 받았다. 그녀의 나이 스물여덟이었다.

바렌보임과의 결혼 생활은 5년여로 끝이 났다. 바렌보임도 이미 그녀 곁을 떠나 러시아 여인 피아니스트와의 사이에 아이를 두고 있었다.

뒤 프레는 후진 양성에 마음을 쏟았다. 병은 더욱 깊어졌다. 몸을 움직이는 것도, 읽고 말하는 것도 불가능해졌다. 그녀가 생명처럼 아끼던 악기 스트라디바리를 다른 첼리스트에게 물려주었다. 뒤 프레가 할 수 있는 것은 바렌보임과 연주했던 엘가의 '첼로 협주곡'을 듣는 일뿐이었다. 오랜 병상생활로 사람들 기억 속에서 잊어질 즈음, 생을 마쳤다.

눈앞에 펼쳐지는 바렘보임의 연주는 건성인 채 자꾸만 뒤 프레 생각에 빠져드는 것은 어인 일일까. 바렌보임은 그녀가 병으로 고통받고 있을 때도 그랬고, 죽음 이후에도 그녀의 무덤을 한 번도 찾지 않았던 사람이다. 그런 이야기를 들은 이후 나는 지금껏 바렌보임의 연주를 듣지 않았다. 그런 내가 굳이 그의 70회 생일 연주회를 기억하는 것은 그 옛날 뒤프레와 연주했던 '송어'를 들으면서 그녀를 그려보고 싶었기 때문이다.

일상의 행복과 예술적인 것은 병행할 수 없는 것일까. 긴 병치레에서 오는 외로움, 삶의 전부였던 첼로를 먼빛으로도 볼 수 없고, 만져볼 수도 없는 그녀의 절망감이 유독 가슴을 아리게 했다. 내가 병고로 오랫동안 거동을 할 수 없어 천장만 쳐다보고 있을 때의 내 처지와 다르지 않았다.

갈봄을 창밖으로만 바라보며 지냈던 나날들. 오직 쓰고 싶은 간절함은 비할 데가 없었다. 누워서 가슴에 자판을 얹고 ㄱ·ㄴ·ㄷ 자음 하나 모음 하나가 어우러져 글꼴을 이루면, 한 글자 또 한 글자를 모으던 참담함 마음이 생각나서였으리라.

만약 그녀가 생존하여 한때 찬란했던 영광의 잔광殘光만을 누리고 있다면, 그 또한 서글픈 일이 아닐까. 차라리 벚꽃처럼 져 버려서 더 애틋할 것이라고 아픈 마음을 달래본다.

갑자기 세찬 박수 소리에 놀라 시선을 화면으로 옮겼다. 피아노 건반에서 손을 뗀 바렌보임은 눈을 감고 한참이나 그냥 앉아 있다. 나는 그의 곁에 그 옛날 푸른 드레스를 입고 첼로를 안고 있는 뒤 프레를 앉혀본다. 사랑하는 사람을 버리면서까지 세계적인 명성에 매달린 바렌모임. 오늘 그가 '송어'를 선곡한 것은 현존하는 거장들과 함께 했던 젊은 시절을 돌아보고 싶어서였을까. 아니면 희미하게나마 그림자로 남아 있는 뒤 프레를 생각해서였을까.

나는 오디오를 켜고 뒤프레의 연주 콜니드라이를 얹었다.

일상의 뒤뜰

딸아이가 응급실에 있다는 전화를 받았다. 서둘러 병원에 도착하니, 딸은 수액을 받으며 잠들어 있었다. 급성 장염이라는 말을 들으면서 침대 옆 의자에 등을 기대었다.

"안 가져오면 어떡합니까. 들고 와야지. 한 시간이 지나면 늦어요. 아무튼 빨리 전화부터 하세요."

응급실 한 귀퉁이, 엷은 커튼 안쪽에서 새어나오는 소리다. 곧이어 자그만 몸집의 젊은이가 커튼을 제키고 나온다. 이어서 좀 전에 들려오던 그 목소리의 주인인 듯한 의사가 커튼 밖으로 얼굴을 내민다.

"쓰레기통이랑 뒤져보라고 하세요. 한시 빨리 수술해야 됩니다."

젊은이는 응급실 밖으로 나가 복도에 있는 공중전화 부스 앞에 서 있다. 가슴께로 올린 두 손이 붕대로 칭칭 감겼기 때문인지, 마치 링 위에 서 있는 권투 선수 같다. 엉거주춤 걸어오던 젊은이는 응급실 안으로 들어와 머뭇거린다. 나는 얼른 청년 앞으로 가 전화번호를 누르고 수화기를 그가 말하기 쉽게 해줬다.

스물을 갓 넘었을까. 앳되어 보이는 얼굴에는 아픈 기색도, 당황해서 서두르는 모습도 보이지 않았다. 무표정하게 맞은편 벽을 바라보고 서 있다. 공장에서 일하다가 손가락을 잘렸다고 한다. 양손 모두를. 두 팔을 가슴께로 올린 모양은 뭔가를 겨누는 것처럼 보이지만, 정작 표정에는 아무 저항도 분노도 내비치지 않았다. 입사한 지 일 년이 채 못 되었다는 말을 얼버무리다가 천장으로 돌리는 그 눈길이 하염없다.

해거름이 지나 링거를 맞던 딸아이는 병실로 옮겼다. 옮겨 간 병실에는 환자가 셋 있었다. 모두들 발이나 손, 팔목 등에 붕대를 감았거나 깁스를 하고 있었다. 자리를 정돈하고 막 앉으려 하자, 점심이 들어왔다. 각자의 침대 옆에 놓인 밥을 아무도 먹으려 하지 않는다. 팔이 성한 사람은 다리를 못 쓰고, 걸을 수 있는 사람은 손을 쓸 수가 없었다. 두 손과 두 발이 멀쩡한 사람은 나뿐이었다.

다리를 못 쓰는 환자에게는 식판을 옮겨다 주고, 딸아이

옆의 나이 지긋한 아주머니에게는 밥을 떠먹여주었다. 그녀는 응급실에서 보았던 젊은이처럼, 두 손에 붕대를 감고 있었다. 모두 지방에서 올라와 보호자가 없기도 했지만, 각자가 한 가정의 보호자였고 소녀가장이었다.

딸아이를 돌보느라 날마다 병원에 가고 있지만, 그애 구완보다는 움직일 수 없는 그들을 돕는 일에 매달리게 되었다. 두 손을 못 쓰는 옆 침대 아주머니는 내가 조금이라도 늦게 가게 되면 딸아이에게, 어머니가 어째 안 오느냐고 묻곤 한단다. 그런 아침이면 반가워하는 기색이 역력하여, 붕대로 싸맨 손을 내밀어 내 손을 잡을 듯이 서둔다.

충청도 어느 시골에서 일찍 남편을 여의고 세 남매를 키워왔단다. 작업장에서는 장갑을 끼고 일하도록 돼 있는데, 십수 년 넘게 일한 자기에게 무슨 일이 있으랴 방심한 것이 그만 사고로 이어졌단다.

"살다 보면 그런 일 당할 수도 있겠지요. 하지만 막내딸 여우살이만 시켰어도 맘이 덜 아플 것인디…."

말끝을 채 잇지 못한다. 그 이야기를 듣고 있는 나도 코끝이 찡한데, 아주머니는 정작 무심한 듯 이야기를 이어간다. 하지만 그 가슴속엔들 눈물이 고이지 않았겠는가. 열심히 살아온 한 시골 아낙의 이야기는 서러움이 희석되어 무심하기만 하다.

남편 없이 어떻게 살았고 무슨 일을 했으며, 아이들을 어찌어찌 가르쳤더라는 설명이 없더라도 그 사정을 어찌 짐작하지 못하랴. 그러면서도 자신의 앞날은 접어두고 그 뭉툭한 손목을 갖고도 막내딸 여우살이 걱정을 하는 것은 더욱 애처로웠다. 잘린 손가락이 두 개도 다섯 개도 아닌 열 손가락 모두인데도. "잘못 붙여져도 좋으니 손가락 두어 개만 쓸 수 있어도 좋으련만."

옆으로 돌아누우며 무심히 내뱉는 혼잣말은 화살이 되어 내 가슴에 박힌다.

딸아이가 퇴원한 뒤에도 그 병실에는 일주일을 더 갔다. 소녀가장이 발의 깁스를 풀던 날은 작은 동생 둘이 시골에서 올라왔다. 부축을 받으면서도 목발을 짚고 웃으면서 내려갔다. 응급실에서 만난 청년도 손가락 둘은 쓸 수 있을 것이라고 했다.

이제 아주머니에게도 그만 올 것이라는 인사를 할 수밖에 없었다. 그녀가 먹고 비운 찬합을 챙겨 보자기에 쌌다. 인사를 마치고 병실 문을 걸어 나왔지만, 몇 걸음 떼어놓지 못한다.

"아줌니 아줌니는 복 받을 거구만유."

울먹이는 그 촌부의 말은 되레 내 얼굴을 화끈거리게 했다. 다시 돌아가서 손을 잡았다. 아니 손사래치는 그 팔목을.

무슨 말을 할 수 있으랴. 아무런 힘도 없는 내가, 기댈 곳 없는 그녀에게 어떤 위로를 줄 수 있겠는가. 그녀가 설움으로 밤을 지새울 때, 나는 한 방울의 내 눈물만이 소중하다고 여겼으니….

집으로 돌아오는 동안 내내, 그녀가 바라는 간절한 소망이 하늘에 닿기를 두 손 모았다.

겨울밤 내 기도의 한 자락에

그날도 오늘처럼 눈보라치는 저녁이었다. 어디선가 “찹쌀떡이요, 찹쌀떡 사려!” 하는 소리가 들렸다. 불을 끄고 막 자리에 누려던 참에 같은 소리가 또 한차례 들려왔다. 재빨리 겉옷을 걸치고 아래층으로 내려갔다. 휘몰아치는 눈바람이 아파트 외벽에 부딪히면서 윙―윙― 소리를 내고 있었다. 얼굴이 금방 얼얼해졌다.

어디쯤에서 나는 소리였을까 두리번거리고 있는데 저만치에서 커다란 눈사람 하나가 움직이고 있었다. “찹쌀떡 사려고요.” “예”라는 대답 소리와 함께 그 눈사람이 내 쪽으로 발을 옮기고 있었다. 나는 미끄러지니 천천히 오라고 말은 그렇게 하면서도 속마음으로 그가 속히 와 주기를 바라고 있었다.

꼭 떡을 먹겠다는 마음으로 그를 찾아 나선 것이 아니었다. 밤도 이슥한데 눈바람 속에서 헤매고 있을 그가 맘에 걸렸다. 바라던 대로 그의 찹쌀떡 박스에는 두 개들이 한 봉지가 오롯이 남아있었다. 만 원을 내밀었더니 거스름돈이 없다고 했다. 다음 날 갖다주겠다는 말을 남기고 서둘러 빈 박스를 어깨에 둘러멨다.

돌아서는 그의 등 뒤에 조심히 가라는 말을 남기고는 재빨리 엘리베이터가 있는 현관으로 들어섰다. 다시 돌아봤을 때는 방금 전보다 더 커다래진 눈사람이 되어 터벅터벅 눈밭을 걸어가고 있었다. 그날 이후로 나는 "찹쌀떡 사려!" 하는 목소리를 다시 들을 수가 없었다.

겨울이 오면 나도 모르게 "찹쌀떡이요!" 하는 소리를 행여 들을까 연신 귀를 기울인다. 밤늦은 시간이면 일부러 주방의 창가를 서성이며 마당 쪽을 내다보기도 여러 번이었다.

설마 하는 마음이 어찌 없었을까마는 그가 했던 '약속'을 믿고 싶었다. 해를 거듭 보내면서 그를 기다리는 마음이 차츰 서운함으로 변해갔다. 그러구러 후딱 네 해가 지나갔다.

그런데 오늘 밤. 눈 내리는 창밖을 바라보면서 지난 일을 되짚어 가늠하며 헤아려봤다. 그가 찹쌀떡을 팔던 그 저녁, 날은 차고 밤은 깊었었다. 갈 길을 서둘다 보니 내가 살고 있는 동, 호수를 미처 묻지 못했을 것이었다. 그래서 마음을 먹었어도 찾아올 수가 없었을 것이고. 어쩌면 아직까지 그 일을 기억하며 마음을 켕겨하고 지낼지도 모르지 않은가. 그제야 미리 잔돈을 준비 못 한 찬찬하지 못했던 내 모습도 떠올랐다. 나래도 그럴 수 있었으려니 싶은 마음이 들었다. 그런저런 상념에 잠겨 있는데 느닷없이 어린 시절의 어느 겨울밤의 정경이 떠올랐다.

대여섯 살쯤이었을까. 가족들이 모두 저녁예배에 갔고 마침 우리 집에 들렀던 중학생인 큰집 오빠와 함께 집을 보고 있었다. 때마침 "찹쌀떡이요!" 하는 대문 밖의 외침이 들려왔다. 오빠는 나를 부르더니 주머니에서 꼬깃꼬깃한 지폐 한 장을 꺼내놓으며 찹쌀떡을 사 먹자고 했다. 나는 캄캄해서 못 나간다고 했다. 오빠는 오빠가 마당에 서 있을 것이니 걱정하지 말라고 했다. 나는 오빠가 시키는 대로 대문 밖의 찹쌀떡 장수에게 돈을 건네고 찹쌀떡 두 개를 받아왔다.

그날 처음 먹어 본 동글동글한 찹쌀떡! 냉큼 한 입을 베어 물었다. 엄청 쫄깃했다. 게다가 달콤한 팥이 탱탱하게 씹히지 않은가. 달달한 입맛의 감동이 채 가시지 않았을 때였다. 오빠의 혼잣말을 듣게 된 것이다. "짝이 틀려서 못 쓰는 돈인데 어두워서 그 장사가 몰랐구나." 얼핏 흘려들었지만 아무리 어린 나이라 해도 뭔가 옳지 않다는 직감이 들었었다. 하지만 어머니께 그 얘기를 해서 오빠를 꾸중 듣게 할 수도 없는 일이라 생각되었다. 한동안 어머니의 얼굴을 바로 보지 못할 만큼 깜냥에 걱정을 많이 했지만 날이 가면서 그만이나 잊어버리고 말았다.

찹쌀떡을 좋아해서 어른이 된 지금까지도 가끔은 먹는

다. 그런데 웬일로 수십 년이 지나 까맣게 잊고 지낸, 어릴 적 그 겨울밤의 일이 느닷없이 이 저녁에 내 가슴을 치게 된 걸까. "어찌하여 형제의 눈 속에 있는 티는 보고 네 눈 속의 들보는 깨닫지 못하느냐?"라는, '말씀'이 내 가슴을 파고들었다.

그가 한시라도 빨리 자기 집으로 돌아가기를 바라는 마음으로, 그의 마지막 떨이를 해주는 사람이 되고 싶었던 나의 순정한 마음은 온데간데없어진 채 그토록 여러 해를 두고 겨울마다 그를 떠올리며 뜨악하게 여겼구나 싶어졌다.

또래들보다 유난스레 장난기가 심했던 큰집 오라버니도 세상을 떠나신 지 벌써다. 흠 있는 반쪽자리 돈을 건네어 어렵게 지내는 사람을 더욱 어렵게 했을 그때의 허물을 거울삼아 마땅한 일이거니 여긴다. 이훌랑은 오늘처럼 눈 내리는 겨울밤 내 기도의 한 자락에 '부디 그들이 어디에서든 잘 살게 하오소서!'를 붙박게 하리라.

뻥튀기 폭죽 터지듯

골목길을 지나는 참이었다. 갑자기 '펑-'하는 소리에 놀랐다. 둘러보니, 근처에 뻥튀기 장사가 전을 펼치고 있다. 구수한 냄새가 코끝을 스몄다. 뿌연 김이 피어오르던 자리에는 비닐포대가 놓여있고, 그 안에는 뻥튀기가 담겨 있다. 수북하게 쌓인 뻥튀기를 바라보고 있으니 문득 지구 저편 아프리카 어딘가에 있을 한 청년이 떠오른다. 그곳에서도 지금쯤 뻥이요- 소리와 함께 뻥튀기가 쏟아져 나오고 있을 것 같아서다.

여러 해 전 교통사고를 겪었다. 큰 탈이 없었고, 차량 수리도 가해자가 했기에 잊어버리고 있었다. 일 년 여가 지났을까. 어느 날 보험회사에서 약간의 위로금이 나왔다. 생각하지 않았던 돈이었다. 이런저런 생각 끝에 전신장애로 거동이 불편한 친구의 구좌에 입금을 했다.

몇 달이 지난 어느 날, 낯선 청년에게서 전화가 왔다. 내 이름을 확인하고서는 고맙다는 인사를 먼저 건넸다. 갑작스런 인사에 의아했지만 음성이나 말하는 태도가 공손하고 여간 예의 바른 것이 아니어서 그의 말을 듣게 되었다. 그는 내 친구 이름을 말하면서 같은 교회 출석을 한다고 했다. 이번에 생각잖은 큰 도움을 받았는데 그 모두가 내 덕분이라는 것이었다. 자초지종은 이러했다.

청년은 아프리카 선교사로 떠나게 되어 있었다. 먹을 것이 귀한 현지에서 이웃에 나눌 수 있는 방법은 뻥튀기만 한 것이 없더라는 선배 선교사의 조언을 받았다. 하지만 기계를 살만한 여유가 없었다. 선교지로 떠날 날은 다가오고, 막막했다. 몇 사람에게 의논을 했는데, 그 말이 어쩌다 우리 친구의 귀에 들어갔던 모양이었다. 친구 역시 장애인이라 어렵기는 매한가지였지만 청년이 마음에 걸렸다. 그는 가끔씩 봉사원을 대신해서 친구의 병원약 심부름도 마다하지 않았고, 급한 일이 생기면 싫은 내색 한번 없이 달

려오지 않았던가. 주일날 교회 오갈 때도 휠체어에 앉혀주고 내려 주는 일도 그 청년이었다. 친구는 생각 끝에 은행에 사정이라도 해 보고 싶었다. 그런 까닭으로 전화를 했다가 뜻밖에 내 이름으로 송금이 된 것을 알게 되었단다. 친구는 그 돈을 찾아 전했고, 청년은 예정대로 뻥튀기 기계를 들고 떠날 수 있게 되었으니 참으로 감사하다는 인사를 내게 하면서 전화를 끊었다.

그런 일이 있은 후, 재래시장에라도 가면 모퉁이 어딘가에 꼭 있는 뻥튀기 장사에 눈길이 간다. 그리고 아프리카의 뜨거운 열기 속에서 젊음을 온전히 봉헌하고 있을 청년이 떠오른다. 굶주린 아이들에게 알곡 한 낱일망정 열배 백배로 튀겨서 나누고 싶은 그 청년의 마음. 어찌 간절하지 않으랴.

허기를 면하기 위해 뻥튀기를 기다릴 아이들. 뻥이요, 하는 외침을 들으면 귀를 막고 도망치던 우리들이었지만, 그 아이들은 언제쯤 뻥튀기가 "펑-" 하고 터져 나올지 가슴 두근거리며 빙 둘러서 있을 모습이 보지 않아도 눈에 그려진다. 그리고 그 청년이 몸담고 있는 아프리카 선교 현장에도 사랑과 나눔이, 그리고 뻥튀기가 펑- 펑- 폭죽 터지듯 날마다 쏟아졌으면 하는 마음이다.

두고 온 항아리

김장철이 가까워지면 경복궁 전통공예미술관에서는 옹기 전시회가 열린다. 독과 항아리는 물론이지만, 동이나 뚝배기 같은 자그만 용기들이 많이 나온다.

처음에는 구경 삼아 재미로 갔었는데, 요즘에는 뭔가 채워지지 않는 아쉬움으로 그곳을 간다.

몇 년 전 아파트로 이사를 하면서 그때까지 살던 집에 항아리를 버리고 왔다. 소래기까지 덮여 있는 그 항아리는 크고 우람스러워서 장독대 맨 뒷줄에 자리 잡고 있었다. 웬만한 독 두 개 높이는 되는데, 아래는 좁으며 위쪽으로 둥글게 배가 나와 어른 팔로 두 아름은 되는 큰 항아리였다.

아파트로 갈 것을 결정한 그날부터 장독대를 몇 번씩 둘러보았지만 어느 한 가지 두고 갈 수 없는 것들이었다. 모란꽃이 그려진 백단지는 양념을 담아 두었고, 철 따라 밑

반찬이나 장아찌를 삭여 갈무리하는 귀단지는 운두가 낮고 펑퍼짐하다. 자주 들락거리는 여름이면 아예 부엌으로 옮겨다 놓을 때도 있었다.

이른 봄 갖가지 젓갈을 담가 삭히는 방구리는 배가 나왔다고 해서 나 혼자 '배단지'라 부르곤 했다. 겨울 채비에 쓰이는 키 작은 항아리들은, 김치나 동치미를 담그면 군내 없고 톡 쏘는 맛이 일품이라는 어머니 말씀대로 늘 새 맛을 지니게 해주었다.

마당 한 쪽에 자리한 장독대는 그렇게 삼십여 년 동안 우리 식구들의 먹거리 원천이 되었다. 어쩌다 집에 와서 그것

을 보는 이들은 서울 살림에 간수하기가 수월찮겠다며 탐을 내기도 했다.

물론 그것들 대부분은 시집올 때 어머니가 마련해 준 거지만, 큰항아리와 그 밖의 몇 가지는, 나이 드시어 큰살림을 안 하게 된 어머니가 마당 넓은 우리 집으로 옮겨다 놓은 것이다.

장맛이 좋아 으뜸으로 치던 그 큰항아리는 어머니 새색시 때 달구지에 실려 왔다고 했고, 장정 둘이서 들마시했다는 후일담에 걸맞게 우리 집에서도 그 위용을 자랑했다.

우선 봄이면 간장 담그기가 좋았고, 달여서 옮긴 다음에는 건어물이나 곡식들을 넣어두는 곡간이 되었다. 키가 크신 어머니는 물건을 넣고 꺼낼 때 아무렇지도 않게 하시더니, 어른이 되어서도 손이 닿지 않는 나는 앞에다가 디딤돌을 두었고, 그걸 딛고 올라설 때마다 어머니 생각이 일곤 했다.

이렇듯 어머니 손때 스민 항아리들은 나의 보배 같은 세간으로 이어졌고, 나로 하여금 앳된 추억들에 젖어들게 만들었다.

내가 유년 시절을 보낸 집 장독간은 뒤란에 있었다. 아침이면 쪽진 머리에 흰색 앞치마를 입은 어머니가 물행주로 장독 그릇을 닦았다. 그럴 때마다 졸린 눈을 비비며 어머니 치마꼬리를 붙잡고 뒤꼍에서 종종걸음쳤다.

반들거리고 윤기나는 오지그릇에는 내 얼굴이 얼비쳤고, 그것이 신기하고 재미있어서, 노냥 뚜껑들을 만지작거리다가 열고 덮기를 거듭했다. 무엇이 담겼는지 알고 싶었고, 키 큰항아리는 키 작은 나에게는 넘겨다볼 수 없는 비밀스런 곳이기도 했다.

반대기를 열 때마다 어머니 손에 들려진 갖가지 것들은 반찬으로 만들어져 상에 올랐다. 그것이 어떤 날에는 곶감이나 대추가 되기도 했고, 엿이나 홍시일 때는 더욱 신이 났다. 한겨울 군것질거리도 거기서 나왔다. 이런 것들이 뭉뚱그려져서 어린 나를 항아리 주변에서 맴돌게 했다.

술래잡기할 때면 숨기 좋았고, 꾸중 들은 풀이르 훌쩍이던 곳도 그 그늘이었다. 그러다 어느 날 깜박 잠이 들

어, 어두워질 때까지 종적을 몰라 찾아 나선 어머니를 놀라게도 했다. 소꿉놀이할 때도 장독대 뒤쪽에 있는 정구지를 뜯어 버무렸고, 까맣게 여문 분꽃 씨앗으로 얼굴에 분칠을 해 본 것도 모두 그 큰항아리 곁이었다.

6 · 25 전쟁 때는 구덩이를 파고 그 항아리를 땅속 깊이 묻었다. 항상 집안일을 도와주는 이웃집 아저씨의 삽질 소리가 잠잠해진 다음, 항아리가 묻힌 그 자리는 곱게 일군 밭고랑이더니 피난길에서 돌아와 둘러보았을 때는 우부룩하게 자란 파밭이었다.

어머니가 아끼는 싱거 재봉틀과 성경책, 태극기, 그리고 소중하게 여기는 다른 살림들이 말짱한 채 그 항아리 속에서 나왔다.

이렇게 큰항아리에는 내 어린 시절 이야기가 베여있고, 어머니의 젊음과 그 인고의 삶이 굳은살처럼 박혀있다. 정읍에서 전주로, 다시 서울로 거듭되는 이사였어도 금 간 데 하나 없이 의연하게 수문장 구실을 해왔다.

그러던 장독대가 수난을 겪기 시작한 것은 연탄광을 들이면서부터다. 식구가 늘고 살림이 불으면서 연탄을 쌓아둘 헛간이 있어야 했다. 슬래브지붕 창고를 짓고, 항아리들을 그 위로 올렸다. 그러다가 기름보일러로 바꾸면서는 연탄광 자리에 잔디를 심고, 장독대는 이층 베란다 난간으로 옮겨 버렸다.

발길이 먼 만큼 소래기를 여는 일도 뜸해졌다. 이층 계단을 지나 다시 밖으로 나가기보다는 냉장고를 활용하는 편이 수월했다. 커버린 아이들도 저장 음식보다는 인스턴트 식품을 더 좋아했다.

때를 같이하여 앞뒷집, 옆집에서 높은 빌딩을 올리기 시작했다. 온종일 볕을 쬐지 못한 고추장 간장은 곰팡이가 슬었다.

먼지 낀 단지들은 물행주로 닦던 시절의 윤기를 잃어갔고, 어쩌다 빗물에 씻기는 외는 때깔 고운 예전의 모습을 찾을 수 없게 되었다. 큰항아리는 양념단지나 뚝배기, 쓰지 않는 자지레한 것들을 넣어두는 뒤주가 된 채 여러 해가 지났다.

아이들이 장성하여 곁을 떠나게 되면서 넓은 집을 간수하기가 힘들어졌다. 집을 내놓고 아파트로 오면서는 큰항아리 놓을만한 마땅한 자리를 마련하지 못했다. 작은 오지단지 몇 개 들고 와서 쌀독으로 쓰고 있고, 그 밖의 것들은 본래의 용도를 떠나 꽃꽂이나 화분 받침으로 쓰고 있다. 그러면서도 그 큰항아리가 없는 것이 늘 허전하고 서운하다.

손가락으로 뚜드릴 때마다 탱- 탱- 울리는 소리, 그 소리만 듣고도 깨지고 금 간 것을 알아차리던 어머니. 물동이나 여느 장독그릇에도 짝이 있는 법이라며 같은 모양새를 둘씩 마련해 주시던 어머니. 어느 독은 된장맛이 좋고 고추장 담그기에 알맞다고, 봄이 오고 가을이 되면 독을 채우며 일 년 살이 준비를 하시더니만.

이제 큰항아리는 없다 해도, 세월의 덮개가 낀 칠십 년을 어찌 허투루 지울 수 있으랴. 안 계신 어머니가 아직도 내 가슴에 자리하듯 큰항아리의 추억은 오래오래 기억될 것이다.

올해도 찬바람 일면 경복궁 옹기전시회가 열리겠지.

4부

나무와 함께

잔다리 느티나무

수화기를 들었다. 한동안 뜸했던 영철이의 목소리다. 이런저런 이야기를 나누다가 언제나처럼 그 나무 잘 있느냐고 묻는다. 영철이가 말하는 '그 나무'는 우리 교회 마당에 서 있는 한 그루 느티나무 고목을 말한다. 유년부에서 고등부까지 잘 마친 영철이는 대학을 실패하고 교회를 떠나더니, 이따금 소식을 전하곤 한다. 그리고는 꼭꼭 그 나무의 안부를 묻는다.

느티나무 아래서 뛰어놀던 때가 벌써 20여 년이 지났건만, 추억 속의 아이들은 나이를 먹지 않는지 아직도 그때의 꿈을 꾼다고 한다. 그 애의 의식 밑바닥에 어릴 적 정서가 안개처럼 서려 있다가, 문득 느티나무 마당으로 나서고 싶은 충동을 느끼게 하는가 보다. 예배당 안을 기웃거리던 느티나무와 그 사이로 아이들을 내려다보던 낮달. 그런 것들이 가슴 밑바닥에 그림자 져 있어 곧잘 화제에 오르곤 했지 싶다.

봄이면 굵고 가느다란 줄기에서 어김없이 피어나는 연둣빛. 그 여린 싹의 강인한 의지. 크고 우람해서 너른 마당 전부를 감싸고 하늘을 떠받들고 선 늠름한 모습. 가꾸는 이 없어도 햇볕과 바람과 비로써 해마다 커 가는 나무. 비 개인 뒤에 더욱 푸르게 보이는 하늘과 나무 잎새들. 빈 가지 황량해지면 가지마다 쏟아져 내리는 빛나는 햇살. 하늘 우러러 팔 벌리고 기도하는 나무.

계절의 순환은 눈에 보이는 변화일진대, 나무가 크는 것을 눈으로 본 일도 없고 그 나무 자라는 소리를 들은 일이 없어도, 정체하지 않고 쉼 없이 성장하여 온 나무.

우리에게 그늘과 바람을, 그리고 새들의 지저귐을, 계절이 오고 떠남을 알게 해주었고, 어느 누구의 힘으로도 이룰 수 없는 자연의 섭리를 깨닫게 해 주는 느티나무였다.

때로는 사람들의 일로 마음이 상할 때에도, 그 나무에 기대서면 아픈 마음 살며시 사그라든다. 지친 몸 쉬고 싶어 그늘에 앉으면 나무는 내게 바람으로 다가와 살며시 다독여준다.

여러 해 전이다. 성글게 돋는 때늦은 잎새가 봄이 가고 여름인 것을 잊은 듯 침묵을 지키고 있었다. 하루가 다르게 기운을 잃어 갔다. 가지에 찬바람이 스치는 어느 날에야 그 나무가 게으름을 부리는 게 아니라, 병을 앓고 있음을 알게 되었다. 나무병원의 진단으로 질척거리는 마당을 시멘트로 덮어버린 것이 이유라고 했다. 뿌리 근처에 덥힌 시멘트를 부숴 뜯어내고, 먼 들녘에서 생기로운 흙을 실어다 뿌리 가까이 객토를 했다. 그리고 링거를 매달았다. 겨울이 지나고 이듬해 봄을 넘기면서 나무는 서서히 생기를 찾기 시작했다. 잃었던 푸르름을 다시 볼 수 있었다. 유치원에 드나들던 아이들도 그 그늘 아래 모여들었다.

10월 셋째 주일이면 창립 104주년이 된다. 1896년 선교사 언더우드 씨와 기포드씨 그리고 잔다리마을 사람들 20여 명이 모여 올린 예배가 잔다리예배당의 시작이었다. 잔다리라는 우리말 지명이 한문으로 세교리細橋里였으니 세교리교회라 했고, 1946년 서교동으로 개칭되면서 오늘의 서교동西橋洞교회로 불리고 있다.

일제강점기와 6 · 25, 그리고 숱한 격변기를 겪으면서 찬 서리 몰아칠 때도 흔들림 없이 제 자리에 서 있는 나무. 무엇을 보고 무엇들을 들어왔을까. 지금 저 나무 아래에는 창립 100주년을 기념해서, 6 · 25당시 피난길을 거부하고 끝까지 교회를 지키다 순교하신 주재명 목사님의 순교기념비를 세우고 순교신앙을 후손들에게 전하고 있다.

고개를 들어 나무를 바라본다. 문득 시간이 멈춘다. 그 나무에는 코흘리개 시절의 아이들이 있고, 공을 차며 나눠먹던 아이스크림의 달콤함이며, 성경암송을 했다고 나무 둘레를 뛰어다니며 뻐기던 모습들. 나무 뒤에 숨어 살며시 얼굴을 내밀어 보다가, 화들짝 뛰어나와 놀라게 하던 일. 유난스레 장난이 심해서 애를 먹이던 또 다른 아이. 그만 그만한 또래의 우정을 길러주던 그늘이었는데.

농부의 발소리가 푸성귀를 크게 하듯 아이들의 발자국소리를 들으며 잎새가 돋았을 테고, 그 애들의 웃음소리를 들으며 작은 가지는 더 큰 줄기가 되었으리라.

설사 지금은 교회 출석을 잊고 있다 해도, 어느 날 불쑥 내게 전화를 해서 나무의 안부를 묻는 것처럼, 오래되어 낡고 헐었어도 손에 익숙한 장갑처럼 편안한 마음으로 그 나무를 찾아오리라. 어찌 꼭 어린 시절의 나무만을 보고 싶다 할까. 그의 맘속에 새겨진 말씀을, 그의 가슴에 남겨진 노랫말을 자신도 모르게 흥얼거리고 있을 터이다.

나무를 떠올리면 교회 마당을 떠올릴 것이고, 여름성경학교를 마치고 보았던 비 개인 하늘의 무지개랑, 지난 날 함께 손잡았던 동무들과 나무 옆을 지나던 허리 굽은 어른들의 모습까지. 그의 가슴 빈자리에 그림자 드리운 나무처럼 그 순간에서 정지된 모습으로 남아 있을 것이다.

어느 순간에 멎었던 필름이 다시 돌아가듯, 천천히 움직이기 시작하면 그가 뛰놀던 마당이 궁금해서, 그 나무 밑이 그리워서, 그는 찾아올 것이다. 그리고 한 아름이 넘는 나무를 쓰다듬으며, 제 자신이 변한 것처럼 커 버린 나무를 올려다보며 회상에 잠길 것이다. 엊그제도 영철이는 그런 마음으로 내게 전화를 했을는지 모르겠다.

구름이 지나고 하얀 조각달이 머물던 가지들. 녹음 짙은 가지마다 가을 하늘을 담뿍 안고 있다. 오늘도 햇볕 가득한 마당에 무지갯빛 색감으로 눈이 부시게 서 있다.

가지치기

가지 치는 사람들을 바라본다.

나무 모양을 고르고 결실을 조절하기 위하여 곁가지 따위를 다듬는 일이 아니다. 가로수를 바짝 쳐내는 일이다.

두어 사람은 나무 위에서 톱질을 하고 있고, 또 한 사람은 길가에 수북하게 쌓인 나무더미를 나르기 좋게 한 다발씩 끄나풀로 묶어 트럭에 싣고 있다. 새싹이 트기 전이니 봄이라고 하기에는 조금 이르다. 겨울이 끝날 무렵 길을 가다가 흔히 볼 수 있는 풍경이다.

요즘은 그 일을 어찌해서 하고 있는지 알기에 굳이 고개를 갸웃거리지 않는다. 몇 해 전 처음 그런 모습을 보았을 때는 그냥 지나치지 못했었다. 해 묵어 잘 자란 나무들이 어쩌다가 전기톱에 무참히 잘리고 있는지 무심할 수가 없었다.

"나무를 왜 그렇게 다 베고 있어요?"

"거치적거려서요."

무엇이 거치적거린다는 말인지 짐작할 수 없었지만, 더는 물어볼 수도 없을 만큼 사닥다리 위에 선 사람들의 일손이 바쁘게 움직이고 있었다. 서 있는 것조차 방해가 되는가 싶어 돌아서다가, 맞은편 길에 늘어선 가로수에 눈길이 멎었다. 미쳐 손대지 않은 겨울가지들이 우부룩한 채 있었다.

봄을 기다리고 있을 나무들이 뜬금없이 잘려나갈 것을 짐작이나 했을까. 여름이면 지나는 사람들에게 뜨거운 볕을 가리는 그늘과 바람 한 자락으로 쉼터를 제공했을 나무들이다. 새들의 보금자리와 크고 작은 벌레들이 살아가는 터전이었을 것인데, 이제 그들은 어디로 몸을 숨길 수 있을까.

몇 발짝 걸음을 떼고 있는데, 거치적거려서 베어버린다고 했던 그 남자의 목소리가 등 뒤에서 들려왔다.

"그냥 놔두면 합선이 되거든요. 봄이 오기 전에 잔가지들을 걷어내야 합니다."

그제서야 무슨 뜻인지 알아들을 수 있었다.

전봇대에 연결된 여러 가닥의 전깃줄이 우거진 나뭇가지 사이로 드리워져있었다. 곁가닥 한끝은 나뭇가지 아래쪽으로 얽혀있고, 또 다른 가지에는 너덧 가닥의 전선이 가로 걸쳐 포개져 있었다. 사방으로 뻗어나간 마른 잎새 두어 닢 매달린 빈 나무줄기와 전깃줄은 얼기설기 뒤엉켜 있었다.

윙–소리를 내는 전기톱이 무성한 나뭇가지를 이리저리 넘나들었다. 가로수는 순식간에 뭉턱뭉턱 잘려나갔다. 우듬지나 곁가지는 물론이고 지난해 자랐던 움돋이와 가장귀까지 베어졌다. 사방으로 뻗어나간 그 많은 가지들이 잘리고 나니 밑동을 보는 것처럼 나무는 금세 밋밋해졌다.

'저 나무 어디에서 가버린 날의 무성함을 기억할 수 있을까.' 한갓 기억 속에 남아있는 그림은 아닐까. 볼품없이 베어진 가로수를 물끄러미 바라보며 서 있었다.

잘려나간 나뭇가지를 바라보면서 측은한 마음까지 들었는데, 한 발짝 물러나 생각해 보니 내가 느끼는 안타까움보다 나무는 더 쉽게 받아 삭일 것이다.

우북했던 가지들을 쳐내고 나니 널찍하게 펼쳐진 하늘이 드높았다. 기둥처럼 생긴 나무들이 하늘을 이고 있었다. 걸림 없는 모습이기도 했다. 잔가지가 있었다면 쉼 없이 바람에 흔들리고 있으련만, 나무는 바람이 불어와도 끄떡없이 서 있었다.

가지들을 다 잘라냈으니 전선줄을 건드리지 않을 것이고, 바람이 불어와도 그 바람에 쉼 없이 휘둘리지 않을 것이며, 그늘짐 없이 햇살도 유감없이 받을 것이다. 비어 있음으로 누리는 여유로움이나 자유로움도 있으리라.

이제 나무들은 머지않아 솟아나는 생기로 연두빛깔 새순을 준비할 것이다. 그리고 여름날이 오면 짙푸른 목소리의 합창을 다시 들려주리라.

문득 그런 생각이 들었다. 우리 안에 있는 욕심도 저 나뭇가지 베어내듯 버릴 수는 없는 것일까. 불필요한 생각들을 가지를 치듯 그렇게 뭉턱 쳐버릴 수만 있다면. 마음을 붙잡고 있는 일상의 사소한 일이면서도 그냥 두면 옹이가 될 생각들. 미움과 원망 그리고 불평의 가지들까지.

소유와 치레들은 또 얼마나 많은가. 어찌 보이는 것뿐일까. 답답하고 무겁게 느껴지는 무형의 것들도 셀 수 없이 가슴 가득 담겨 있으니….

몇 해 전 가지치기하는 나무를 처음 바라보면서 모두를 버릴 줄 아는 의지가 내게도 있었으면 하고 생각에 잠겨 있었는데, 아직도 그 모두를 끌어안고 있는 지금, 상념에 젖어있던 그때를 돌아보며 서 있다.

스산한 바람이 어깨를 스친다. 다시 일상으로 돌아온다. 가지치기하던 남자들은 어느새 떠나버리고 빈 나무 둥치는 미동도 없이 서 있다. 전깃줄이 바람에 흔들리고 있다.

그림 속의 나무

벽을 바라보면 거기 늘 나무가 있다. 엽서보다 조금 큰 판화 석 장. 서양화가 김구림 씨의 작품이다. 한 장에는 가지가 촘촘한 나무 한 그루, 다른 한 장에는 우람하게 생긴 나무 두 그루. 그리고 세 번째 그림에는 큰 나무 옆에 작은 나무 두 그루가 앞뒤로 같이 있다. 그것들은 각각 액자에 넣어져, 가로 나란히 어깨를 맞대고 걸려 있다.

여러 가지 색깔이 어우러진 화사한 그림도 아니요, 무채색에 가까운 이끼색 바탕에 청회색 나무일 뿐이다. 그런데 그 절제된 색과 간결한 구도가 편안하고, 서로 어울린 것이 작은 숲 같아서 아늑했다.

우부룩하게 드러난 뿌리. 굵은 밑동 위로 곧게 뻗은 줄기. 사방으로 고루 뻗은 잔가지들. 큰 나무는 작은 나무를 감싸안고, 작은 나무는 울타리가 되어 위를 쳐다보고 있는 모습이 정겹다.

원래는 여섯 장으로 된 시리즈물이었다. 전시장에서 처음 보았을 때 단박에 마음이 끌렸다. 우선 자그마한 게 공간을 덜 차지해서 좋을 것 같았다. 하나씩은 좀 홑지지만, 둘씩 짝을 지어 걸어도 괜찮고, 한자리에 위아래 셋씩 층지게 걸어도 좋을 성싶었다.

하지만 그림 값이 내 정서의 키를 훨씬 넘는 바람에 몇 차례 들락거리다가, 가까스로 마감 날에야 호랑이 등에 올라타는 기분으로 집에 옮겨다 놨다.

그런데 그 여섯 장 그림을 벽에 걸던 날부터 그림이 좋다면서 반씩 나누자고 조르는 분이 있었다. 그분도 그림을 좋아하는 사람. 오죽하랴 싶어 네 번째 그림 이하 석 장을 내주었다.

가져간 그림 석 장에는 네 그루의 나무와 다섯, 여섯 그루의 나무가 각각 차례로 담겨져 있다.

남은 그림에는 세 폭에 모두 여섯 그루의 나무가 담겨서, 우연히도 우리 집 가족 수와 꼭 맞는다.

그림을 들여놓던 때, 두 딸애는 열한 살에 아홉 살, 셋째 녀석은 여덟 살, 막내가 여섯 살이었다. 잎이 져버린 십이월의 나무라고 아이들은 이름 붙였다. 가끔은 그림 앞에서 노래도 불렀다.

나무야 나무야 겨울나무야
눈 쌓인 응달에 외로이 서서….

나목裸木이지만 쓸쓸함은 없다. 빈 가지지만 되레 청아하기만 하다. 잎이 진 나무이기에 그늘은 엷지만, 그 대신 햇볕은 잘 든다. 가끔은 산들바람에 잔가지가 흔들리기도 하고, 된바람은 나무를 흔들며 지나간다. 겨울이면 거기에 눈꽃도 핀다. 그런 상상에 실어 꿈도 펼쳐본다. 새가 날아들어 둥지를 틀면, 어미 새가 노란 부리 새끼들에게 먹이도 날라다 주고….

아이들이 학교에 간 날이면, 햇살은 나무들을 환히 비친다. 나무는 늘어지게 기지개를 켠다. 차츰 아이들은 밖에서 노는 날이 많아지고, 나무는 키돋움을 하면서 밖을 기웃거리기도 한다. 그렇게 세월은 가고 나무는 20년을 자라 우람함을 더했다. 우리 아이들도 어느덧 성년이 되어 제각각의 포부가 영글게 되었다.

봄이 되어 실비 내리던 날, 딸아이는 신랑 손을 잡고 꽃길을 걸었다. 그리고 나무 곁을 떠났다. 가을이 깊어 나뭇가지 사이로 쪽빛 하늘이 더욱 짙푸르던 날, 남은 딸아이도 서둘러 나무 곁을 떠났다. 까치집보다 조금 큰 보금자리를 만들어서.

나무는 말했다. 잎새 무성히 드리우는 여름이 되거든, 아기랑 손잡고 내 곁에 오라고, 그래서 모두 빙 둘러앉아 도리도리 짝짜꿍 놀이를 하자고. 동화책을 읽으면서 그넷줄을 매달라고 조르던 아들들도 이제는 콧수염이 거뭇하다. 그들도 머지않아 나무 곁을 떠나겠지. 그래도 나무는 거기 늘 그렇게 있을 것이다. 한결같이 우리 집 제일 좋은 벽면을 차지하고서.

벽을 바라보면 거기 늘 나무가 있다.

생강나무 사연

노란 꽃을 피운 떨기나무 사이로 단소 가락이 번져 온다. 썩 잘 부는 솜씨는 아니어도, 그것이 '정선아리랑' 음률을 밟고 있음을 단박에 알 수 있다.

떨어진 동박은야 낙엽에나 쌓이지
나는야 사시장철 님 그리워 못살겠네
아우라지 뱃사공아 배 좀 건네주게
싸리골 올 동박이 다 떨어진다

가락의 음원을 좇으니, 거기 덤불 사이에 웬 남자가 있다. 가까이 다가가서 인사를 건넨다.

"산수유 꽃이 한창이군요."

엉겁결에 한 말이다. 그는 약간 미소를 흘리면서,

"비슷하게 생겼지요. 저것들은 생강나무인데, 강원도에서는 개동박 또는 그저 동박이라 부릅니다. 산수유와 꽃철이 같아서 혼동하기 쉽지요."

언뜻 분간이 안 되어서 머뭇거렸더니, 그가 가지 끝을 잘라 비벼서 코에 대어준다. 생강 냄새가 난다. 그리고 산수유와는 달리 수피가 벗겨지지 않는다는 말까지 곁들인다.

옛날에는 그 열매로 기름을 짜서 여인네들 머릿기름으로 썼고, 그래서 그렇게 불리는 것 아닌가 싶단다. 강원도 사람인 김유정의 소설 제목 〈동백꽃〉도 사실은 생강나무라야 맞단다. 생강나무에 대해 이런저런 이야기가 이어지고 있

을 때, 바람결에 알싸하면서도 향긋한 꽃내음이 번져온다.

"이 냄새가 생강나무 향이랍니다."

매화 향기보다 훨씬 짙다. 가까이서 맡기로는 처음이다. 그는 황홀한 표정으로 눈을 지그시 감으면서 그 내음에 짐짓 젖어들려는 것 같다. 예사로운 것 같지 않아서 단소 가락에 무슨 인연이라도 배어 있는 게 아니냐고 물어보았다. 그는 뜬금없는 물음을 나무라기는커녕 그 향기에 띄우기라도 하려는 듯 속 깊은 이야기를 들려주는 것이었다.

"이제는 아득한 지난 일이오만…."

말끝을 잠시 흐리다가, 스스럼없이 그러나 차근차근 이야기를 이어갔다.

그는 6 · 25전쟁 때 인민군으로 내려왔다가, 퇴로가 막혀 지리산으로 들어갔다. 거기서 온갖 어려움을 다 겪으면서도 한 여인과의 만남으로 하여 보람도 있었다. 그러나 그 어느 해 국군 공세 때 그녀는 전사하고 말았다. 그녀가 좋아하던 생강나무그루 밑에 대충 묻어주었다.

그 뒤 그는 옥고를 치르고, 중년이 된 몸으로 세상에 나왔다. 그녀가 묻혔던 곳을 찾아갔으나, 우거진 숲 때문에 향방을 알 길이 없었고, 노란 꽃만 지고 있었다. 그 막막함을 달랠 길 없어 생강나무 꽃철이 오면 그녀가 나고 자랐다는 이곳 강원도 땅을 찾는단다.

추위와 목마름을 이겨내고 꽃피우는 그 나무를 곁하며, 봄이 이울 때까지 그 나무 곁을 떠나지 않는다고 한다는 그의 이야기를 들으면서 생강나무를 보고 있으니 노란 색깔과 진한 향기 때문일까, 무수한 꽃 이파리들이 윙윙 소리를 내는 것만 같다. 그만 나도 모르게 지난 세월을 어찌 살았느냐고 묻고 말았다.

그 물음에 그는 씽긋이 웃을 뿐. 화석처럼 묻혀 산 가운데서도, 그녀와 더불어 맡던 생강나무 꽃향기가 큰 위안과 힘이 되었단다. 비록 여인으로써 함께 이룩한 생활은 없었지만 한 줌의 빛으로 남아 긴 어둠을 비춰주었기 때문이란다.

아까 읊조리던 그 가락도, 그녀가 늘 부르던 옆에서 귀동냥으로 배운 거라고. 이야기를 하는 그의 눈에는 물기 어린 허망함이 고인다. 그가 이야기하고 있는 동안 가끔씩 나뭇가지 스치는 새의 날갯짓 소리가 산골의 고요를 깰 뿐, 서서히 어둠이 내린다. 꽃잎이 진다.

"생강나무를 남도에서는 '아구사리'라고 부르는데, 진작부터 민간에는 쓸모가 많은 나무로 널리 알려져 있지요. 더욱이 당시 우리에게는 귀한 약재이기도 했어요. 열병에 걸렸을 때 잔가지를 달여 마셨고, 상처가 나면 잘게 빻아

붙이기도 했구요. 봄 새순은 데쳐 먹고 쌈을 싸먹고, 마른 잎은 말아서 담배처럼 피우기도 했지요. 좀 맵기는 했지만….”

단소를 만지작거리는 그의 손마디는 까칠하니 굵고, 나부끼는 머리는 희끗희끗하다. 한참 하늘을 우러르고 있더니, 얼씨구 하며 일어선다. 등도 휘었고 심하게 절룩거린다. 그가 짊어진 세월의 무게가 어떠하길래 내딛는 걸음이 저리도 무거울까. 사라져 가는 그의 등을 무심히 바라볼 수 없다.

켜켜이 떨어지는 애상을 모아 그녀가 남긴 발자취를 따르지만, 외진 자리에 묻힌 지난날 흔적들을 어디쯤에서 만날 수 있을까. 그의 걸음 지난 자리에 산새들 울음만 깃든다.

그녀를 향한 마음 잃지 않고 지켰으니, 이제 뜨거운 피가 돌던 그때의 응어리진 마음 삭혀, 따뜻한 햇살로 그 가슴에 남았으면 싶다.

이 봄. 생강나무 꽃철을 다시 맞는다. 이 화창한 날에, 그 등 휘고 다리 절던 노인은, 올해도 어느 산비탈에서 그 절절한 아픔을 노래하겠지. 멀고도 높은 고향을 바라보며, 구름 따라 하늘로 이어지는.

아우라지 뱃사공아 배 좀 건네주게
나는야 사시장철 님 그리워 못살겠네
……….

반송을 심은 뜻은

가끔 홍릉 수목원에 간다. 울창한 수목 사이를 거닐 수 있어서 좋고, 이름만 들었던 나무들을 현장에서 확인하는 보람이 알차서 더욱 좋다. 한 바퀴 돌고 나면 내가 알고 있는 자생식물 가짓수가 얼마나 알량한 것인가에 새삼 부끄러워지기도 한다.

그렇게 돌다가 내 발길이 머무는 곳이 있다. 연구원 본관 건물 앞 너른 잔디밭 가운데 서 있는 소나무 한 그루다. 옆으로 뻗은 작은 가지들이 우북하게 퍼진 둥그스름한 수형이 마치 우산을 펼친 모양이다. 그 옆의 다른 나무들처럼 곧고 우람하지는 않아도, 잘 가꾼 분재를 확대시킨 듯 조화로움이 담겨 있다. 반송盤松이다.

길가나 아파트 녹지에서 다보록한 유목幼木들을 보기는 해도, 저토록 멋진 수관樹冠을 펼치고 서 있는 모양은 드물다. 여느 소나무赤松에서 느낄 수 없는 기품과 정감이 번진다. 그 수피에 귀를 대면 무슨 이야기라도 들릴 것만 같다. 일본인 한 사람의 이름이 떠오르고, 그 유별난 사연을 풀어나가기 위해서는 자연히 우리의 아팠던 지난 역사로 거슬러 오르게 된다.

본래 이 언저리는 능역陵域이었다. 국운이 기울던 무렵 일본인에게 시해된 명성황후의 능이 이곳에 마련되었고(1897), 그 능호를 홍릉이라 부르게 되었다. 그러다가 고종 능을 경기도 금곡으로 마련할 때 함께 이장했으며, 그 뒷자리에 임업시험장이 들어섰다. 지금도 언덕 뒤에 능지陵址가 있다. 그 임업시험장 연구관으로 아사카와 다쿠미(淺川 巧)라는 일본인이 부임해 왔고, 그가 심은 나무가 저 반송이다.

본디 반송은 소나무의 변종인데 줄기가 곧게 뻗지 않고 밑동에서 여러 갈래로 갈라지고 계속 새 가지를 치면서 자란다. 만지송萬枝松이라 칭송되는 까닭도 그런데 있다. 기자祈子나 다복多福신앙과 얽혀 성스러운 나무로 여겨져 왔다. '다복솔'이라 일컬어지는 것도 그런 데 연유한다.

적송보다는 마디게 자라고 수명이 그다지 길지 않은 흠이 있지만, 함경도 지방을 비롯한 남한 여러 고을에 반송의 거목들이 자라고 있다. 홍릉 수목원 반송도 그 반영에 든다 하겠다.

다쿠미는 우리 고유 수종인 반송에 주목했다. 그래서 시험장 앞뜰에 그럴싸한 반송을 심기로 작정했다. 왜솔을 심어야 한다는 상부의 지시가 있었음에도 다쿠미는 그 자리에 반송을 심어야 한다고 우겼다.

마침 그의 눈에 드는 나무가 있었다. 지금의 과학원 자리에 있었던 홍릉 초등학교 뒷산에 자라고 있었는데, 그걸 옮겨 심기로 마음먹었다. 그 일에 종사했던 사람의 전언에 따르면, 그것은 대단한 공사였다고 한다.

요즘에는 장비와 기술이 좋아서 큰 나무를 옮기는 일이 쉽고, 또 이식한 뒤에도 잘 살지만, 일제강점기인 그때 사정으로는 30년쯤 된 소나무를 옮겨 심는 일이 그리 만만치는 않았던 모양이다.

일꾼 40여 명이 둘레를 크게 파고 새끼로 동여 떠서 뗏목 같은 틀에 실은 다음, 통나무를 받침목으로 줄줄이 깐 위를, 조금씩 밀어 가는 식으로 지금 있는 자리까지 옮겨

왔다고 한다.

얼추 잡아도 1백 살을 훨씬 넘었을 그 반송이 저토록 청청하게 살아 있는 모습에서, 저 나무에 담으려 했던 고인의 뜻을 조심스레 더듬게 된다. 시험장 앞뜰 번듯한 자리에 우리 나무를 심고 일본 수종은 뒤쪽으로 보냈다. 산림의 남벌을 막고 간벌 제도를 정착시켜 조선의 민둥산을 푸르게 하는데 앞장섰다. 지금 우리의 많은 사랑을 받고 있는 인공림 상당수는 그의 숨결이 닿은 것이다.

다쿠미는 일 년 앞서 이 땅에 온 형 노리다카의 뒤를 따라 총독부 관리 신분으로 왔으면서 일제의 식민지 수탈에 혐오를 느꼈다. 언어 풍속마저 버리고 일본인이 되라고 강조할 때, 그는 한복에 갓을 쓰고 장죽을 물고 동네를 돌아다녔다. 어린 딸에게도 집안에서는 우리말을 쓰게 했고, 생활용품까지 우리 것을 쓰고 우리 음식을 먹으면서 한국인으로 살기를 원했다.

어려운 사람을 도와 일자리를 구해 줬고, 많지 않은 월급 절반을 가난한 학생들에게 학자금으로 보태줬다. 한복을 입고 사는 그가 전차를 탈 때, 다른 일본인들이 그를 한국인으로 알고 천대하거나 자리를 비키라고 욕설을 해도, 말없이 양보해 주었다고 한다.

그는 형과 함께 방방곡곡을 누비며 도자기 가마터를 뒤졌고, 생활용기 하나하나를 그림으로 그리고 이름을 붙여 유명한 역작 〈조선도자명고朝鮮陶磁名考〉를 출간하기도 했다. 조선 백자와 공예의 아름다움을 가장 먼저 발견한 일본인으로 그의 조선 미술품 수집은 여느 일본인의 탐욕과는 거리가 멀었다. 뿐만 아니라 또 다른 조선 예찬자 야나기 무네요시(柳宗悅)와 협력하여 도쿄에서 이조전李朝展을 열었고, 애써 모은 미술품 3,000여 점을 아낌없이 기증하여 경복궁 안에 상설 조선민족미술관을 개설하였다.

다쿠미는 일본인이면서 조선인으로 살다가 조선 땅에 묻히기를 소원했다. 둘째 딸을 낳자마자 떠나보낸 일이 있었다. 슬퍼하는 부인에게 이렇게 말을 했단다. "이번 일은 슬프지만 그건 그대로 좋은 일인지도 모르오. 우리의 아이가 조선의 흙이 되었기에 조선과 일본 사이에 다리 하나가 연결된 느낌이 드오. 언젠가 우리도 조선의 흙이 될 것이니 우리 아이가 잠드는 것은 좋은 일이오."

그 형제가 우리 겨레에게 바친 애정은 남다르다. 서대문, 서소문이 헐리고 또다시 광화문이 헐리는 것을 막으려고 야나기로 하여금 전 세계에 띄운 공개장 〈사라지려는 한 조선 건축을 위하여〉를 쓰게 만들었다. 파괴될 운명을 면

한 광화문은 다른 곳으로 옮겨 세워졌다.

한국을 탄압 수탈하는 일본에 분노를 금치 못했던 사람들. 한민족 편에 서서 아픔을 함께 껴안고 고통을 더불어 나누려 했던 마음 씀씀이. 슬픈 마음을 투시하고 그것을 쓰다듬어 상처를 달래 주었던 사람들. 그 몇 안 되는 일본 사람들 가운데 하나가 아사카와 다쿠미다.

다쿠미가 급성 폐렴으로 타계한 것은 40세 때의 일이다. 청량리 인근 예닐곱 동네 사람들이 몰려와 장대같이 쏟아지는 빗속에서도 서로 상여를 메겠다고 장사진을 이루었다. 하는 수없이 몇 사람씩 교대로 상여를 메었다. 청량리에서 이문리 언덕으로 가는 길목에서 노제路祭를 지내고 가라고 장례행렬을 붙잡기도 했다.

한국식 토장을 원했던 평소 유언대로, 지금 외국어대학 근처 공동묘지에 묻혔다. 해방이 되면서 잇따르는 도시 확장으로 많은 묘들이 일실되는 가운데서도 뜻있는 사람들에 의해 그의 묘소는 망우리로 옮겨져 203363호에 안장돼 조선의 흙이 되었다. 묘비는 그가 생전에 사랑해 마지않던 백자 항아리 모양을 본떠 둥그스름하게 만들어졌다. 묘비에는 '한국의 산과 민예를 사랑하고 한국인 마음속에 살다간 일본인, 여기 한국의 흙이 되다.'라고 새겨졌다.

딸 하나가 있었지만 세상 떴고, 부인은 몇 차례 다녀갔다. 지난번 왔을 때 남편의 유품 몇 점을 무덤에 아울러 묻고는 그 뒤로 소식이 끊겼다고 한다. 다쿠미의 고향 사람들과 그의 행적을 기리는 일본 사람들이 자주 찾아온다고 하니, 그는 가위 영생한 인물이 아닌가 싶다.

저기 저렇게 사철 내내 푸른 가지를 드리우고 있는 반송이 우리에게 그 내력을 말하고 있다. 심은 사람은 갔지만, 산천의 푸르름과 더불어 귀한 값어치를 생생히 증언하고 있다.

어쩌다가 수목원 잔디밭에서 혼례를 치르는 신부, 신랑을 보기도 하고, 사생을 즐기는 어린이의 행사에도 맞닥뜨린다. 저 자리에 나무를 옮겨 심을 때 오늘의 저런 모습을 예견이나 했을까. 수난의 역사 현장에 그 나무를 심은 또 다른 뜻은, 바로 저런 미래가 있기를 바랐던 간절함이 었으리라.

반송의 나무갓을 바라보면서 저 나무가 저토록 돋보이는 까닭은, 심은 이의 유덕을 기리는 후대 사람들의 정성이 한

몫하는 때문이리라 믿고 싶다. 홍릉 수목원에 가거든 마당 가운데 선 반송을 무심히 지나치지 말자. 어떤 한국 사람보다 우리 땅과 우리 소나무를 사랑해서 그 자리에 반송을 심은 아사카와 다쿠미를 떠올려보자.

양화진 선교사묘지의 나무

개신교 역사와 함께해 온 나무가 있다. 양화진 묘지에 서 있는 느티나무다. 그 나무는 1백여 년 전, 이 땅에 복음을 들고 온 선교사들을 만남으로써 남다른 역사를 이루어냈다. 시골의 정취를 느끼게 하는 나무는 아니어도 150세라는 수령으로 봐서는 아직 든든할 수세인데, 밑동 전부가 커다랗게 구세 먹었다. 우레탄폼으로 메워진 것을 보니 외과 치료를 받은 흔적이다.

지금의 '양화진 묘지' 정식 명칭은 '외국인 묘지공원'이다. 마포구 합정동 145번지. 합정동 로터리에서 찾아갈 수도 있고, 강변로에서 '절두산 순교기념관'이라는 이정표를 따라 들어설 수도 있다.

양화진은 예전에 경기도 이북과 한강 남쪽을 잇는 중요한 나루터였고 군사적 요충지이기도 했다. 1839년 대원군이 새남터에서 시작한 천주교 박해가 1866년 병인년에 1만 여 명의 천주교도를 학살한 양화진 처형으로 이어진다. 사람의 목숨이 터가 된 그 위에 천주교에서는 병인박해 100주년을 기해 절두산 성당을 지었다.

지금은 지하철 2호선을 사이에 두고 천주교와 개신교의 성지가 마주 보고 있으니, 어느 누가 짐작이나 했을까. 서양을 배척하고 천주교도들을 처형한 그 양화진 나루터를.

양화진 언덕에 개신교 선교사들의 무덤자리를 만든 것은 1890년이었다. 1884년, 하나둘 복음을 들고 왔다가 바람 사나운 양화진 언덕바지에 묻히더니 이제는 그 많은 선교사들이 이 언덕에 누워있다. 국적은 달라도 이 땅의 복음을 위해서 왔다가 이 땅에서 삶을 마치신 선교사들이다.

천천히 묘역을 둘러본다. 묘비들이 한눈에 보인다. 그것은 흐르다 멈춘 시간이리다. 시간이 멈춘 공간. 역사 속으로 들어와 있는 느낌이다. 묘비마다 죽은 날짜와 세상에 태어난 날이 적혀있다. 먼저 가고 나중에 간 날짜가 무슨 소용이 있을까마는 살아 있는 자들을 위해서였으리라. 그들은 문명의 혜택 속에서 살았고, 보장받는 미래도 있었다. 박사학위, 대학교수, 영달로 통하는 그 모두를 마다했다. 풍요로운 조국과 정든 고향, 그리고 가족을 등지며 몇 달씩

배를 타고서 본 일도 들은 일도 없는 조선 땅으로 온 것이다. 의료사업과 교육사업을 일으키며 선교활동을 했고, 이 땅의 문명화를 위해 헌신했다.

그때, 이 땅은 참으로 살기 힘든 곳이었다. 여름에는 빈대나 벼룩, 겨울에는 이들에 시달렸다. 오두막 흙바닥에서 비위생적으로 살았으며, 장질부사나 이질에 걸리고, 천연두를 앓다가 세상을 떠난 사람이 부지기수였고, 일본 경찰의 고문은 얼마나 혹독했던가.

신학문을 전하려고 공부할 아이를 구하려 다녔지만 양이들이 잡아먹는다고 누구도 서양 사람들에게 아이를 맡기려 하지 않았던 그런 시절, 그렇듯 낯설고 힘겨운 이 땅에 무엇을 보고 목숨을 바치려 했을까. 자기 나라로 돌아가 임종을 하고도 조선 땅을 못 잊어 시신으로 다시 와서 묻히기도 한 선교사들도 있었다.

오늘따라 묘지 전체가 시원스레 보인다. 눈여겨보니 한 젊은이가 벌초를 하고 있

다. 그 손길이 지날 때마다 묘지가 말끔해진다. 다른 한편에서는 오래된 보도블록을 새로이 바꾸고 있다. 다가오는 광복절 행사를 위해서 묘지를 다듬고 있단다. 그때에야 외국인 독립유공자 묘지와 선교사 묘지가 함께 있다는 게 생각났다.

'독립유공자 헐버트박사 52주기 추모식'이라고 쓰인 현수막이 나무 사이에서 펄럭이고 영국인 신문기자로 왔던 '배설裵說선생의 제92주기 추모대회'라고 쓰인 또 하나의 현수막을 아까 벌초하던 청년이 나무와 나무 사이에 끈으로 비끄러맨다. 언론인 단체와 우리 정부, 그리고 영국대사관에서 관리하고 있어선지, 그의 묘비 앞에는 늘 꽃이 놓여 있었다. 양화진 묘지에서 제일 큰 비석이 서 있는 묘지이기도 하다. 묘비의 크기와 생전의 공적이 꼭은 비례하지 않겠지만, 이곳에 오면 왠지 쓸쓸해진다.

양화진에 올 때마다 가슴 아픈 일이 또 있다. 어린아이들의 묘에 세운 표석이다. 이름과 태어난 날과 죽은 날이 쓰여 있기도 하지만 대부분 구획도 없이 묘석만 세워둔 곳이 많다. 어느 곳에는 모서리 한쪽이 깨진 작은 십자가가 서 있다. 부모를 따라왔다가 이 땅에서 죽은 여덟 살 소녀의 이름을 나는 물끄러미 바라본다. 6 · 25 전쟁의 상흔이

랄까. 총탄에 부서진 자국도 남아있다. 묘비들은 작거나 크거나 풍상의 내력이 역력했다.

결코 그 아이들이 선택한 이 땅이 아니련만 부모를 따라와서, 아니면 이 땅에서 태어났기에 이 땅에 묻힌 수십 명의 아이들. 숨져간 그 애들이 애처롭지 않은가.

구세군으로 왔다가 꿈을 펴기도 전 노방전도를 하다가 넉 달 만에 병으로 숨진 스물다섯 살의 청년. 고아의 아버지로 일생을 바친 일본인 소다(曾田) 선생. 그는 양화진 언덕에 누운 유일한 일본인이다. 최초의 의료선교사 알렌은 나중에 본국으로 돌아가 병원을 개업했지만, 당뇨로 두 다리를 절단했다. 고향을 떠난 세월이 길다 보니 아는 사람도 없이 쓸쓸하게 생을 마쳤다. 언더우드 가문의 예스런 묘비도 있다. 언더우드 부부, 맏아들 부부, 맏손주 며느리 등, 삼대가 있고 아직도 이 땅에서 살고 있는 가족들이다.

섬김을 받으러 온 것이 아니라 섬기러 왔다는 아버지 아펜셀러와 그의 아들. 그리고 딸 셋이 이 땅에서 6 · 25를 겪다가 세상을 떴다. 아펜셀러 묘지 바로 옆에는 허물어진 땅에 강바람에 깎인 화강암 비석만 덩그러니 놓여있는 곳이 있다. 기포드Gifford Hayden 부부의 묏자리이다. 언더우드와 함께 백 년도 훨씬 전 내가 출석하고 있는 서교동 교회의 초석이 된 선교사였다.

수없이 많은 역사가 잠들어 있는 이곳을 오늘의 양화진 묘지로 있게 한 선교사가 있다. 왕실에서 고종 임금의 옥체를 돌보던 의사 헤론이다. 콜레라로 죽어 가는 수많은 환자를 살려냈지만 정작 한여름에 그가 이질로 죽고 나니 그에겐 한 평의 누울 만한 땅도 허락되지 않았다.

민간에서는 외국인 시신을 묻으면 재앙이 내린다는 두려움으로 땅을 팔지 않는 데다가 왕궁에서 30리 안쪽으로는 묘지를 쓸 수가 없었다. 7월의 더위는 시신을 빨리 부패시켜 어쩔 수 없이 헤론이 살던 집 뒤뜰에 묻기로 했지만 마을 사람들의 반대로 그조차 할 수가 없었다. 알렌 선교사의 주선으로 어렵게 허락받은 땅 양화진. 도성에서 멀리 떨어진 그 언덕이 선교사 묘지의 시초가 된 셈이다.

"한 알의 밀알이 땅에 떨어져 죽지 아니하면 땅에

그대로 있고 죽으면 많은 열매를 맺느니라." 긴 세월 비바람에 깎여 알아보기도 쉽지 않은 비문을 한 글자 한 글자 가슴에 새겨본다.

느티나무 위로 부서져 내리는 햇살이 참으로 눈부시다.

통곡의 미루나무

서울시 서대문구 현저동 101번지. 나는 지금 허물어진 형무소 터에 서 있다. 아랫녘에서는 꽃 소식이 분분한데, 때아닌 적설로 너른 마당 전체가 흰 눈으로 덮여 있다. 바람이 지날 때마다 진눈깨비가 하얀 나비처럼 날리고 있다. 일제 통감부가 서대문 형무소를 지은 건 1908년, 경성감옥으로 문을 열어 조국의 광복을 맞기까지 수많은 의병과 독립운동가 등, 애국지사들이 투옥되었고 고문과 처형이 자행되던 곳이다.

1987년 서울구치소라는 이름으로 불리다가 경기도 의왕시로 이전되었어도 80년 동안 서대문감옥, 서대문형무소, 서울형무소, 서울교도소 등 여러 번 명칭이 바뀌었지만 감옥이라는 점에서는 변함이 없었다. 해방이 되고 난 뒤에는 독재정권에 항거하던 민주화 운동가들이 이곳에서 옥고를 치르기도 했다.

그 이름의 변화만큼이나 지난 흔적들을 가늠할 수 없다. 안내책자에 실린 사진을 한참이나 들여다보다가 역사관으로 들어섰다. 역사관에는 일제의 국권침탈에 맞서 의병 항쟁을 벌이고, 식민지배에 항거해 독립운동을 했다는 이유만으로 죽음에 이르도록 각목과 채찍으로, 전기고문과 물고문을 하던 당시의 현장을 재현해 놓은 여러 종류의 고문실이 있다. 또 다른 칸에는 3 · 1운동으로 수감자들이 넘쳐나 감옥 안은 발 들여놓을 틈도 없을 만큼 비좁았다. 수감인원 7,021명을 계산하면 평당 4.7명에 이르렀다.

좁은 문을 들어서니 수감자가 된 듯하다. 내 어찌 헤아릴 수 있을까 마는, 80여 년 전 유관순 안창호 한용운 등 수많은 독립운동가들이 이 좁은 문을 지나면서 어떤 마음으로 발걸음을 떼셨을까. 전신이 마비되는 고문 기구의 벽관이 있고 독방을 재현해서 관람객들이 직접 들어가 체험해 볼 수 있게 한 공간도 있다. 움직일 수 없을 만큼 비좁아서 2~3일이 지나면 저절로 온몸이 마비되는 고문 기구이다.

때마침 그곳을 관람하던 한 고등학생이 겁도 없이 고문 기구 안으로 들어가더니 단 몇 초도 견디지 못하고 뛰쳐나온다. 온몸이 조여들어서 견딜 수가 없다고 친구들에게 이야기하고 있다.

다시 몇 걸음 지나니 '유관순 굴'이 있다. 유관순 열사가 죽음을 맞은 사방 1m도 채 안 되는 독방이다. 그 굴 앞에서는 서 있기조차 가슴이 시린지 사람들은 눈길을 피하고 만다. 유관순 열사의 사진만이 덩그러니 걸려 있다. 아우내 장터에서 독립만세를 부르다가 수감되어서도 아침저녁으로 만세를 불렀던 어린 소녀. 3 · 1운동 1주년인 1920년 투옥자들과 함께 옥중 시위를 벌이다가, 이곳 지하 독방으로 격리되었다.

손톱, 발톱이 다 뽑혀나가고, 천정에 거꾸로 매달아 코에 고춧가루 물을 붓고, 불에 달군 인두로 온몸을 지지는 잔혹한 고문을 당하다가 빛이 들지 않는 캄캄한 먹 방에서 열여섯의 한참 나이에 순국하셨다. 여성 애국자들은 의자에 묶인 채 손톱

끝을 나무꼬챙이로 쑤시는 고문으로 목숨을 잃거나 불구자가 되셨다.

무심히 지나칠 수 없는 현장, 발걸음마저도 조심스러워서 숨을 죽인다. 이름조차도 생소한 여러 가지의 고문 현장을 지나치며 나도 모르게 가슴이 죄어든다. 독립운동을 펼쳤던 역사와 독립운동가 수형기록표 6264장이 고스란히 남아 있는 곳이다. 유관순 열사와 1911년 안악사건으로 수감된 김구 선생처럼 낯익은 얼굴도 보인다. 걸음을 세우고 다시 한번 돌아본다. 환청인가. 그때의 신음소리가 들리는 듯하다.

어렵게 역사관을 빠져나왔다. 구름 낀 하늘을 올려다본다. 그 옛날 담장 망루의 모습과 옥사였던 건물 한 채가 눈에 들어온다. 울타리 높이 쌓아 올린 붉은 벽돌 하나마다 애달픈 사연이 새겨져 있는 듯하다. 아픈 사연은 무심코 내디딘 발밑에도 있다. 옥사 빈터에는 보도블록 대신 땅바닥에 깨진 벽돌 조각들이 덮여 있다. 수감 중에 있던 애국지사들을 강제 동원하여 구워낸 역사의 산물이기 때문이다.

벽돌 한쪽에는 일제강점 시대에 '경성감옥'에서 제작된 것임을 입증하는 '京' 자가 새겨져 있다. 한 걸음 또 한 걸음 내디딜 때마다 숙연해진다. 애국지사들의 한이 서린 아픔을 나는 지금 딛고 서 있다. 그냥 지나칠 수가 없다. 나도 모르게 신고 있던 신발을 벗어들었다. 잠시 동안의 형식이지만 그래야 될 것만 같은 마음이었다.

벗은 신발을 다시 신었다. 사형장 시구문으로 향한다. 시구문 밖은 묘지였는데 이런 사실을 아는가 모르는가 지금은 아파트가 빽빽이 들어차 있다. 원래 시구문은 사형을 집행한 시신을 형무소 밖 공동묘지에 몰래 버리기 위해 뚫어놓은 일제가 만든 비밀통로였다. 자신들이 저지른 만행을 감추기 위해 폐쇄했던 것을 1992년 서대문 독립공원으로 조성하면서 입구에서부터 40m를 복원해 놓았다.

길이라고도 할 수 없는 좁고 어두운 지하로. 그 옛날 마치 하수도관 같은 그 길을 따라 이 나라의 많은 애국지사들이 형무소 밖 공동묘지로 몰래 버려졌던 게다. 65세의 나이로 조선총독부 사이토 마코트 총독에게 폭탄을 던져 체포된 강우규 의사도 이 좁을 길을 따라 버려졌으리라는 생각을 해본다. 그가 마지막 발걸음을 옮겼을 사형장으로 가 본다.

시구문 조금 못 미쳐서 사적 324호로 지정된 사형장이 있다. 일제가 지은 목조건물이다. 전국에서 사형선고받은 애국지사들을 이곳에 이감하여 사형을 집행했던 곳이다. 어두컴컴하고 음침한 목조건물 내부에는 사형수가 앉는 의

자며, 그때에 사용했던 굵은 동아줄이 그대로 내려져 있다. 사형을 집행할 때 배석했던 사람들이 앉은 긴 의자도 보존되어 있다. 으스스한 한기에 머리카락이 꼿꼿이 서는 듯했다.

사형장 입구에 서 있는 한 그루 미루나무와 눈이 마주쳤다. 진초록의 잎이 수없이 바뀌었을 터인데도 나무둥치는 거무스레하니 앙상하다. 이승을 못다 살고 떠난 이들의 한이 서려서일까. 아니면 맺힌 가슴 풀지 못하고 떠난 그들이 목이 메어, 나무가 그렇게 어설프게 생겼을까. 그 모두를 지켜보았을 나무는 어찌 견디어냈을까.

미루나무 아래 세워둔 안내문에는 이렇게 적혀 있다.

통곡의 미루나무
사형장 입구 삼거리에 하늘 높이 외롭게 자라고 있는
이 미루나무는 처형장으로 들어가는 사형수들이 나무를
붙들고 통곡했다는 곳으로 유명하다.
또한 사형장의 또 한 그루의 미루나무는 사형수들의
한이 서려 잘 자라지 않는다는 일화가 전해지고 있다.

건물 구조와 그 나무 위치로 보아 모든 사형수는 그 앞을 지나게 되어 있다. 일제강점기 같으면 옥사에서 끌려 나올 때 벌써 얼굴에 용수갓을 씌웠다. 수갑을 채우고 그것도 모자라서 뒷짐결박에, 발목에는 족쇄까지 절그럭거리며 그 앞을 지나게 된다. 그뿐인가. 두 사람의 장정이 사형수 양편에 서서 수갑까지 채워진 그의 두 팔을 끼고 걸었다고 한다. 그런 와중에 어떻게 발걸음을 멈추고 통곡이라도 마음껏 할 수 있었겠는가.

끌려가면서 조금 있으면 세상을 하직한다는 것을 알아챘을 것인데, 사형장으로 걸어가면서 어떤 몸짓을 했을까. 품었던 꿈 지우고, 풀지 못할 억울함을 안고 마지막을 향해 내딛는 걸음. 그 모든 것들을 미루나무는 지켜보았으리라. 선열들 같으면 국운이 기울어 침략자의 손에 잡히었으니 죽는 처지를 비탄했을 것이며, 해방 후 전쟁에 휘말려 억울하게 죽어간 이들도 있었을 것이다. 아까운 죽음도 있었을 것이고 잘못된 죽음인들 어찌 없었으랴.

미루나무는 그들의 마지막 외침을 들었을 테고, 사라지는 마지막 뒷모습도 보았으리라. 또 파렴치범일망정 그가 세상을 등지는 순간에 지은 몸짓이나 탄식도 기억할 테지. 가던 걸음 못 박혀 머물러 서서 어머니를 부르며 통곡했다 하니, 마지막 길에서 만난 나무는 그날 어머니의 가슴으로 함께 울었으리라. 무수한 발자국 못 박혀 서면 그때마다 어찌 다 감당했는지. 그 통곡소리 하늘에 올라 노을에 젖었을까. 맑디맑은 하늘의 흰 구름이 되었을까. 높직한 가지에 걸려 우는 바람 소리도 발걸음을 쉽게는 재촉하지 못했으리라.

우리 곁에서 아직도 고난을 기억하는 저 나무. 역사의 발걸음만큼이나 험난함을 겪은 나무. '통곡의 미루나무' 둥치에 손을 얹으니 처절한 몸 떨림이 전해져 온다. 투옥과 구타, 고문과 죽음에도 굴하지 않고 해방이 되는 그날까지 단 하루도 대한 독립의 뜻을 굽히지 않았던 곳. 독립만세 소리가 가장 크게 터져 나온 서대문형무소였으니 그때의 통곡이, 선열들의 함성이 들리는 것만 같다. 1945년 8월 15일. 결코 감옥에 가둘 수 없었던 우리 민족의 외침.

"대한 독립 만세!"

폭나무의 세월

그림에서 암울한 분위기가 풍겨난다. 미감美感 이전에 본원적으로 내뿜는 메시지가 강렬하다. 〈팽나무와 까마귀〉라는 작품 앞에서 나는 붙박인 듯 서게 되었다. 어두운 하늘을 배경하고 한쪽으로만 뻗은 수관樹冠, 그 앞에 웅크리고 앉은 까마귀의 실루엣.

50여 점의 연작은 제주의 한을, 척박했던 당시를 생생하게 보여준다. 어느 역사책의 서술이 이 그림들보다 더 잘 드러낼 수 있을까. 서양화가 강요배 씨의 '4 · 3 역사화전歷史畵展'을 관람하고 미술관을 나올 때는, 한라산을 가로지르는 강한 바람을 맞닥뜨린 느낌이었다.

여러 날이 지나도록 그림 속의 나무가 눈에 아른거렸다. 희미해져가는 지난날을 그림으로 되살린 작가의 의중을 엿볼 수 있었다. 그 나무의 모델이 있는 곳을 수소문했다. '역사화전'에 다녀온 열흘쯤 지나 제주도를 향했다. 오랜 세월 이야기를 담고 있는 나무를 만나리라는 기대로 가슴이 부풀었다.

육지를 떠나 하늘에서 내려다본 제주는 외로운 점이었다. 탐라라는 작은 섬. 삼별초 항쟁이나, 프랑스 함대와 대치한 이재수 난, 왜구의 침략 등, 곳곳마다 역사의 흔적들이 스며 있을 것이다.

예약했던 택시기사를 공항 로비에서 만나 동복리 쪽으로 향했다. 택시가 해안도로를 따라 들어서자 너른 바다와 푸르른 나무들, 돌담들이 눈에 들었다. 바람을 막기 위해 올레담을 쌓고, 외적을 막느라 바닷가에는 돌성을 쌓은 것이 벌써 700여 년 전이었으니 참으로 오래전부터 돌담으로 서 있었던 셈이다. 싸움이 있을 때마다 여자들은 삼태기나 치마폭으로 돌을 나르고 남자들은 뽕개질로 왜구들을 향해 돌팔매를 퍼부었다.

"예리 당포에 왜배가 들라. 칠성같이 벌어진 관당(이웃 친

척) 담월(빽빽이 모여 있는 별자리 이름) 같이 모여나 보세."

끊임없이 이어지는 왜구의 침략이 끝내는 일제강점기의 치욕으로 변했다. 해방 후에는 제주도에 인민위원회라는 자치행정기구가 세워졌다. 징병이나 징용, 강제노역으로 끌려 갔던 6만여 명의 사람들이 간신히 고향으로 돌아왔건만, 일자리도 없고 생필품도 귀했다. 설상가상 2년간의 가뭄으로 흉년에 돌림병인 호열자가 퍼져서 수백 명이 목숨을 잃었다.

1947년 3월 1일 3만 군중이 양과자 반대운동으로 미 군정에 시위를 하자, 당국에서는 총을 쏘아 여섯 명의 사상자를 냈다. 주민들은 이에 맞서 총파업을 하게 되었다. 그러자 육지로부터 서북청년단과 응원경찰대가 파견되어 "빨갱이를 소탕한다."라는 명분 아래 조금이라도 불평하는 사람들이 있으면 구금, 고문을 자행했다.

탄압에 항거하는 제주도민들의 횃불시위가 시작된 것이다. 젊은이들은 탄압을 피해 산으로 가거나 자위투쟁을 위해 훈련을 하고, 여자들은 간장을 담은 허벅과 소금가마니를 산으로 지어 날랐다.

운전기사가 전해주는 이야기에 잠겨 있는 동안, 차는 해안도로를 벗어나 들판을 지나고 있었다. 그때 "이제 동복리 다 왔는데요."라는 말과 함께 돌무더기 옆에 차가 멈췄다.

한적한 들판이었다. 폭나무 한 그루가 서 있었다. 그림 속의 그 나무를 마주하니 가슴이 뛰었다. 나뭇가지들이 한쪽으로 쏠려서 마치 긴 머리가 옆으로 나부끼듯 그렇게 뻗어 있었다.

볼거리도 없는 곳에 어찌 왔는가 싶은지 안내원은 뜨악한 얼굴을 했다. 그림 속 팽나무를 찾아온 것을 그가 어찌 짐작이나 할 수 있으랴. 팽나무를 만나러 왔다는 내 말에 "팽나무가 어떻게 생겼어요?"라며 고개를 돌리다가 생각이 난 듯 '폭낭'이 아니냐고 되물었다. 제주도에서는 '폭낭' 혹은 '폭나무'로 부른다고 했다.

눈앞에 서 있는 나무가 그 폭나무였다. 서울에서 미술관 벽에 걸려 있던 액자 속의 나무를 일순간에 옮겨다 나를 위해 들녘에 세워 둔 것 같았다. 다른 게 있다면 까마귀의 실루엣이 보이지 않을 뿐이다.

100년이 넘는 긴 세월 동안 동네 어귀에 서 있다고 했다. 빈 나뭇가지 사이로 불어오는 바람이 향방을 모르게 가버린다. 폭나무 위로 하늘을 선회하며 날아가는 까마귀 한 마리가 언뜻 눈가를 스친다.

태생이 그런 것일까. 나무의 모양새는 푸근함이 전해오는 나무갓이 아니다. 뒤틀린 채 서 있다. 바다 쪽에서 불어오는 세찬 바람 때문일까. 아니면 역사의 세찬 역풍 때문일까. 궁금하게 여기는 내게, 기사는, "그 나무보다 더 이상야릇하게 생긴 나무도 있거든요." 하고 전해준다. 그 말을 듣고 나는 선뜻 앞장섰다. 그림에 있는 동복리 폭나무만 보리라 여겼는데, 제주의 폭나무를 순례하는 일정이 되었다.

동광리로 들어섰다. 너르디너른 들판이 한눈에 들어온다. 지금은 없어진 무등이왓이라고 했다. 땅의 생김새가 춤을 주는 어린아이 같다고 해서 무동舞童이고, '왓'은 밭의 제주방언이다. 또 다른 뜻은 '무등(무덤)이 있는 밭'으로, 제주에서는 자신들의 밭에 무덤을 쓰는 오랜 풍습으로 중산간

마을 웬만한 밭에는 다 무덤이 있단다.

드문드문 서 있는 폭나무에게서 차마 발길을 떼지 못했다. 덤불 속 돌무더기 옆에 중동무이로 꺾인 나무가 폭나무라 하니 그러려니 할 뿐, 뒤틀리고 꼬여 우그러진 밑동, 곧게 자라지 못하고 옹이진 마디마디, 뭉툭 잘리고 앙상히 휘어진 가지들. 척박한 자연환경 때문일까. 바다에서, 육지에서 불어닥친 4 · 3의 격랑 때문일까. 불에 타고 끄슬린 나무의 사연은 언제쯤 들을 수 있으려나.

그 자리에도 사람들이 살고 있었다. 화전을 일구고 다랑이 밭을 갈았다. 억새풀로 지붕을 이었고 쇠막도 지었다. 산막에서는 숯도 굽고 쇠테우리도 하며, 비옥한 땅은 아니어도 밭에는 조가 있고 밀이 있었으며, 고구마는 썩 잘 되었다. 들판 가득 고사리가 터 오르고, 우물가 물팡에는 붉게 핀 동백꽃이 있었을 것이다. 마을마다 높직한 폭나무가 당산을 이루었다. 여름이

면 나무 아래 짙은 그늘이 드리워졌고, 평상이 놓였다. 그곳은 개구쟁이들의 놀이터였으며, 일터의 일이나 집안의 어려움, 마을의 대소사를 나누는 장소였다. 설령 갈 곳 없는 뜨내기가 찾아든다 해도 넉넉한 품으로 맞이하는 인정이 오갔을 것이다.

그런데 지금 농사짓고 짐승 키우며 삶을 이루었던 사람들은 간 곳 없고, 외지에서 온 약삭빠른 사람들에 의해 남의 땅이 되었단다. 마을 곳곳에 곡식을 찧던 연자방아가 있었지만 육지인들의 거실 장식용으로 팔려갔다는 소리를 듣는다. 끼니를 장만하는 생활의 방편이었을 텐데….

예전의 아픔 때문인지 지금은 바라보기조차도 꺼리는 곳이 되고 말았으니. 마을을 잃어버린 후손들은 어디에 흩어져 있을까. 손때 묻은 세월의 자취를 어디서 찾을 수 있을까. 지금은 잡초만 우거진 빈 터. 불어오는 바람이 마른 억새풀을 흔들며 지나간다.

시간이 멈춰버렸다는 말이 이런 것인가. 마을 전체가 공동 상태였어도 보이지 않는 어느 곳에선 가는 풀꽃들이 봄을 알리고, 나비들은 날아다닌다. 그때의 아이들은 중년을 넘기고, 청년이 벌써 노인이 되었으련만.

"중산간마을이 불바다가 되었을 때, 몽땅 타 버려서 그렇지요. 나무만 탔나요, 사람도 변을 당했지요. 우리 아버지랑 큰아버지도 그때 가셨대요."

그의 휑한 시선이 먼 하늘로 옮겨진다. 팽나무 둥치에 도끼날이 파고들고, 남은 가지가 불에 타 버린 것도 그때였다고 한다.

"제주 사람들은 4 · 3얘기 싫어해요. 누구도 입 밖에도 내지 않습니다."

왜 안 그럴까. 자고 새면 돌밭 일구어 밭작물이 커나는 것을 보람으로 여겼을 시간들. 저녁거리 앉히며 식구들을 기다렸으련만, 눈 깜짝할 사이에 자식을 잃고 부모 형제를 여의었으니 그 마음 어디에 닿으랴.

"그때가 1948년이었어요. 4월 3일 새벽 1시. 오름마다 일제히 봉화가 올랐지요."

그는 허심하게 지난날을 풀어갔다. 500명가량인 무장자위대의 반격이 시작되었다. 무장대는 본토에서 들어온 경찰과 서청의 추방을 요구했지만, 더 많은 군인과 경찰이 증원되어 도민들은 산속으로 피신하게 되었다.

육지에서 들어온 진압군은 누가 아군이고 적군인지 구별할 수 없으므로, 한라산 중산간마을 주민들을 해안 마을로 옮기라는 소개령이 내린다. 해안선으로부터 5km 이상 떨어진 중산간지대를 통행하면 총살하겠다는 포고문을 발표했다. 그리고 토벌이 시작되었다.

제주지역은 해안 마을과 해발 200m 이상인 중산간마을로 나뉜다. 조선 초기까지 제주도의 촌락은 해안가에 있었지만, 왜구들의 침략으로 중산간마을이 형성되었다. 그랬으니 지형상 '해안선 5km 이외의 지점'은 일반인들이 살고 있는 구역이나 마찬가지였다.

갈 곳이 없는 사람들은 남의 집 헛간 살이라도 마다하지 않았지만, 겨울이 되면서 추위와 굶주림으로 다시 마을로 돌아와야 했다. 그런 과정에서 빨갱이와 폭도라는 이름으로 뜻하지 않는 변을 겪고 가족을 잃게 되고 말았다. 100여 마을 이상이 참화를 입었다. 가축과 산림 피해도 엄청났다. 그 후 4 · 3의 유족들은 '붉은 것'이라는 낙인으로 연좌제에 묶여 고초를 겪었다. 정부에서는 4 · 3의 논의가 금기시되어 왔고, 김대중 정부에서 철저히 규명하겠다고 약속했지만 제대로 이뤄지지 않았다.

1994년에 피해신고 접수처를 만들었지만, 유족들은 피해의식에 젖어 신고조차 못한 사람들이 많았다.

"우리도 신고 안 했어요. 한들 뭐 하겠어요."

오랜 세월 덮어져 있던 이야기를 이어가는 내내, 그는 중

간중간마다 긴 한숨을 내쉬곤 했다. 저물녘에야 자리를 털고 일어났다.

제주시로 돌아오는 길에 한림읍 명월리와 납읍리에 총 맞은 나무가 있다고 해서 찾아갔다. 중산간이 소각되면서 웬만한 나무들은 타버렸건만, 고목들은 얼을 입은 채 얼마간은 남아 있더라고 했다. 막상 명월에 도착해 보니 총상을 입은 나무들이 서 있던 자리는 아스팔트 도로로 변해버렸다. 어렵게 찾아온 걸음이 아닌가. 어찌해서 총격을 당했는지 그 내력이나마 듣기로 했다.

성읍에 있는 나무처럼 해묵었다고 전해진다. 어른 두엇이 아름드리나무에 몸을 감추어도 누구도 알아차리지 못할 만큼 둥치가 컸다. 마을 전체가 불바다가 되던 날, 그 나무에 숨어 있던 사람들이 드러날 수밖에 없었으니, 인명피해뿐 아니라 나무들도 덩달아 총상을 입었다고 한다.

상이군경처럼 불에 타고, 총구멍이 나도, 뭉툭한 가지에서는 새 순이 트고, 다시 봄이 오면 새 가지를 뻗었다. 그렇게 해를 거듭하면서 수세樹勢를 넓혀갔다. 지난 세월의 위용을 갖추며 꿋꿋하게 살고 있었다. 사람들 머릿속에서는 서서히 잊혀지는 지난 일이어도. 불타버린 마을에 땅만 남고, 돌만 남았어도, 폭나무들은 그 어려웠던 시절을 묵묵히

마을 지킴이로 견뎠던 것이다.

애면글면 버텨온 세월을 전기톱으로 한순간에 베어버렸으니 어찌 안타깝지 않으랴. 도로를 넓힐 때 해묵은 나무들을 비켜갈 수는 없었던 것일까. 먼 나라 독일에서는 집안에 있는 오래된 나무 한 그루도, 관할청의 허락을 받아야 벨 수 있다고 하던데….

"성읍에는 정말 잘생긴 폭나무가 있어요. 느티나무처럼 둥그스름하고, 흠도 없어요." 정말 잘생겼다고 몇 번씩이나 되풀이하는 그의 말을 따라 성읍으로 갔다.

성읍 민속마을 한복판에는 천년수로 이름난 느티나무가 의젓했다. 그 주변의 훤칠한 폭나무가 눈길을 끈다. 폭나무는 600년생의 천연기념물로 보호받고 있다. 어른 세 사람이 팔을 벌려도 손이 맞닿지 않을 만큼 우람하다. 세월의 켜가 쌓였음에도 구세먹은 데 없이 무성하게 가지를 펼치고 있다. 순리로 자란 나무와 역리逆理를 이기면서 뻗은 나무가 이렇게 다른 것인가.

좁짱한 갈림길에는 대

나무가 우거졌다. 밭담을 에두르는 대숲이 사람이 살았던 옛 곳임을 알려준다. 댓잎의 서걱거리는 소리가 귀를 모으게 한다. 놓쳐선 안 될 이야기처럼. 더 깊숙이 걸어가면 얼마 전에 찾은 굴이 있다고 했지만 운전기사가 더는 갈 수 없다고 했다. 동굴에 대한 얘기는 전날 우연히 어느 노파에게서 들었다.

"웬만하면 그때는 다 큰 넓궤(굴)로 가서 숨었지요. 화산 때문에 저절로 생긴 넓궵니다. 한 이틀 숨어 있으면 토벌대들이 가련했지, 우리가 굶어 죽으리라 생각했겠어요?"

세월이 지나 누군가 우연히 그 굴에 들어갔다가 어린아이 유골과 함께 어른 유해가 있음을 보게 되었다. 굶주림을 견딜 수 없어 굴 밖으로 나온 사람은 그대로 사살되었고 굴 안에 남아 있던 사람은 고스란히 굶어죽었단다. 1백여 명도 넘는 마을 사람들이 그런 식으로 세상 뜬 것을 뒤늦게야 짐작할 수 있었다. 죽음보다 더 큰 슬픔이 어디 있으며 생이별한 사람이 한둘일까마는 남아 있는 사람은 살아야지, 하는 마음으로 열심히 일을 했다고 한다.

노파는 눈가를 훔치다가, 치맛자락을 만지작거린다.

"우리 집에도 삼대독자인 셋째 동생이 있었어요. 우리 집안에 처음 있는 학생이지요. 봄이면 고사리도 뜯어다 팔고,

품도 팔고 그렇게 가르쳤어요. 우리 식구들도 굶으면서 숨어 있는 동생에게는 밤이면 보릿겨를 버무리고 나물죽도 쑤어다 주고 했어요. 토벌대는 동생 내놓으라고 날마다 닦달을 해요. 해도 해도 안 되니 나중에는 아버지를 데려다가 폭나무에 매달았어요. 끝판에는 동생도 당했지요. 산으로 피신한 집은 다 그랬어요."

무슨 말이 위로가 되랴. 어설픈 글줄 쓰겠다고 남의 아픈 마음을 후볐으니 후회막급이다. 노파가 콧물을 훔치면 나도 콧물을 닦고, 눈물을 닦으면 나도 눈물을 훔쳤다. 그렇게 하루해가 저물었다.

2006년 4 · 3사건 58주년을 맞아 고 노무현 대통령은 추도문을 발표했다. 한 구절이 기억에 남는다.

> 누구를 벌하고, 무엇을 빼앗자는 게 아닙니다. 사실은 사실대로 분명하게 밝히고 억울한 누명과 맺힌 한은 풀어주고, 고통받는 분들의 상처를 치유하고 명예를 회복해 줘야 합니다. 자랑스러운 역사든 부끄러운 역사든 있는 그대로 밝히고 정리해야 합니다. 그래야 진정한 화해를 통해 통합의 길을 갈 수 있습니다.

바람이 가는 방향으로 고개를 돌렸다. 삼밭구석(麻田洞)에 서 있는 폭나무가 눈 안에 들어온다. 300년 넘게 삶을 이어오던 마을이 재가 되어버렸어도, 폭나무는 혼자 하늘을 이고 서 있다. 58년 된 응어리가 쉽게 풀리지 못해도, 언젠가는 제주도민들의 아픔이, 상처가, 서서히 치유되었으면 하는 바람이다.

새싹 움트는 소리가 들리는 듯하다. 잎이 어우러지는 여름이 오면 꽃맺이도 하겠지. 그런 상상과 함께 엊그제 만났던 그 노파의 쇠잔한 목소리가 귓전을 울린다

"폭나무 봤지요? 저 나무들이 옛날의 증인이지요. 그때는 까마귀들이 새까맣게 날아다녔어요. 다 목격자들이지요. 말못 하는 나무지만 어찌 그때를 모른다 하겠어요."

바람을 맞으면서 바람 속에서 자라는 폭나무. 지나는 이의 눈길 한 번 받지 못한 채 없어진 마을을 지키며 홀로 서 있는 나무. 제주도민이 겪은 삶의 진실이 담겨 있는 나

무. 거센 바닷바람에 힘겨운 성장이련만, 옹이진 마디 위쪽 잔가지에서는 새순이 강한 생명력으로 봄을 맞이하고 있다. 나무 위로 까치 한 마리가 날아와 앉는다.

그 나무들을 바라보면서 이런 생각이 들었다. 새 잎 피어날 무성한 가지는 너른 그늘 드리워, 오가는 이에게 쉼을 줄 것이니 얼마나 평온한 일일까. 변고를 겪지 않고 수백 년 살아온 우람한 둥치처럼, 제주민들의 앞날도 그렇게 튼실해서 연둣빛 잎새처럼 빛날 것이라는 바람이었다.

여슷골 호야 나무

이른 아침 홍성역에 내렸다. 해미로 가는 버스를 타려고 하니 눈이 쌓여 길이 막혔다고 한다. 어렵게 떠나온 걸음, 돌아설 수 없어 다섯 시간여를 한 데서 발만 구르고 있었다. 정오를 지나자 버스가 움직이기 시작했다.

읍성 남문에 다다랐다. 가슴이 뛴다. 사연 깊은 곳에 서 있어서인가. 보고 싶은 나무를 만날 수 있어서일 게다. 눈이 덮여서인지 읍성 안쪽은 너른 들녘 같다. 저만큼 서 있는 나무 한 그루가 이내 눈에 들어온다. 곁가지들은 잘려 나가고 구새 먹은 둥치만 흰 눈을 이고 있어 얼핏 보기에 고사목 같다. 나무 옆에 세워진 알림판에는 이렇게 씌어 있다.

호야나무

옥 입구에 서 있던 300년 된 나무다.

이 나무의 가지에 천주교 신자들의 머리채를 매달아 고문했다.
그 흔적으로 철사 줄이 박혀 있다.

이야기는 200여 년 전으로 거슬러 올라간다. 지금은 천주교 성지가 된 이곳 해미읍성은 '해뫼'라 불렸으며, 조선 초기에는 병마절도사 치소를 두었던 곳이다. 무반인 영장은 지역을 다스린다는 명분으로 천주교 신자들과 무고한 백성들을 마구잡이로 문책하며 수탈 참살했다. 1790년대부터 1880년대에 이르는 100년간에 걸친 신유, 기해, 병인박해 때는 하루에 수십 명씩 처형했고, 생매장시킨 사람도 수천 명에 달한다.

읍성 서문 밖에는 신자들이 형장으로 끌려가던 길이

있다. 그곳 돌다리 위에서 '자리개질'이라는, 팔다리가 묶인 신자들을 패대기쳐 죽이는 참혹한 방법으로 사람을 죽였다. 사람 수가 여럿일 때는 나란히 눕혀 놓고, 돌기둥을 떨어뜨려 한꺼번에 메어쳐 죽이기도 했다 하니 당시의 정황이 눈에 보이는 듯하다. 팔이 묶인 채 끌려오던 신자들을 거꾸로 둠벙 속에 처넣어 죽게도 했다. 그 〈자리개돌〉과 〈진둠벙〉이 지금도 그대로 남아 있어 보는 이의 가슴을 메이게 한다.

그들이 부르짖던 뜨거운 외침이 아직도 서녘 들판을 가로지르는가. 바람결에 그 원성이 들리는 것만 같다. 지금 설움으로 묻혔을 그 자리를 밟고 서 있음이 오히려 송구스럽기만 하여 발길을 호야나무 옆으로 옮긴다.

나무가 있는 그 자리는 옛날 감옥 터다. 원래는 두 채의 건물이 있었다. 그 옥에는 많은 신자들이 갇혀 질병과 배고픔으로 죽어나갔다. 그들을 끌어내어 매달고 고문했다는 호야나무는 한겨울 서릿바람을 맞고 덩그러니 서 있다.

철사 줄을 나무에 묶고 사람들을 매어 달았다는 가지에는 띠를 두른 듯 철사 줄 박힌 자국만이 남아있다. 옛날에 그 모질었던 매질을 증언하고 있는 동쪽으로 뻗어있던 그 가지는 1940년에 부러져 나갔고, 오래지 않아 가운데 줄기마저 폭풍우에 꺾여 져 버렸다고 한다. 그 후 천주교 측에서 이 지역을 직접 관리하며 오늘에 이르렀다. 얼마 전 나무 종합병원에 부탁해서 영양보급과 보강조치를 받게 한 뒤로는 수력이 한결 좋아졌다고 한다.

호야나무는 어디를 보아도 도도함이나 악함이 없어 보인다. 세찬 비바람을 어찌 홀로 감당했는지…. 발길질을 당하고 돌팔매를 맞아 생채기가 난다 해도 긴 세월이 지나면 새살도 돋으련만, 잘려나간 자리에는 새움 한 번 피워내지 못하였는가, 여태 뭉툭하게 이지러진 채로다. 아직도 아물지 못하였음은 그때 그 풍상이 남달라서였을까.

어느 평온한 마을 동구에 있었더라면, 지나는 길손의 쉼터가 되었을 것이고, 초여름 모심던 일손들이 그 그늘에서 목을 축이기도 했을 테고, 동리 아이들의 놀이터가 되었으련만. 저토록 처절한 모습이 되었으니…. 까치집 하나 얹혀 있지 않음은, 어쩌다 들판을 지나는 새들도 없을까.

모진 생명들이 죽어가며 부르짖던 '예수마리아'. 그 기도 소리가 나무에 배어 있는 듯 눈바람 지날 때마다 그 소리가 귓전을 울리는 것 같다. 눈 파란 신부님의 말씀이나, 장옷을 쓴 안방 아씨의 독송 그리고 행랑아범의 울부짖음이 낮게 혹은 처량하게 들리는 듯하다. 그런가 하면 노쇠한 양친을 두고 가는 아랫마을 개똥이랑, 갓 댕기들인 짚새기 순이며, 줄줄이 엮여나가며 뒤돌아보았을 이 나무. 떼죽음을 당했다던 윗마을 우물 안집. 혼삿날 받았던 건넛마을 처자는 기도문을 찢기지 않으려 치마폭에 감추었다가, 서슬 퍼런 칼날에 베이고 말았다니 어느 한 사람 꽃상여에 실려나간 일 없고, 소리 죽여 울음 삼킨 그 통곡들이 저 높이 닿았음인가. 하늘에서는 꽃잎 날리듯 눈송이가 분분하다.

이제 육신들은 숨을 거두었지만, 더운 피가 뿌려졌던 그 땅에서 잘려나간 자리에 두껍게 서린 자국만큼이나 긴 세월의 넋이 어린 호야나무. 몸통에 철사 줄이 파고들었으니 숨 조이듯 했으련만, 스러진 몸이 거름이 되었는가. 해마다 봄이면 쇠잔한 몸으로도 연둣빛 싹을 틔우고, 여름이면 노란 꽃을 피워 가신 임 숨결을 기리는 것일까. 그때 다 못 전한 외침을 바람에 실려 날리고, 빗물에 흘려보냈으니 그 말씀이 세상에 퍼졌으리라. 발걸음 옮기는 순례자들도 나무에 기대서서 목이 메인다.

요즘에도 이곳에서는 가끔씩 사람 유골이 수습된다고 한다. 1935년에는 이 지역을 개발하던 농부들이 수많은 뼈를 볼 수 있었고, 그때마다 해미천에 버려, 홍수로 유실되었다고 한다. 또한 생매장되었던 주검이나, 그들이 쓰던 묵주나 유물을 함께 찾아내기도 했다. 그 일을 알게 된 어느 신부가 유해를 다른 곳으로 옮겼다가 얼마 전 여숫골에 안장했다. 그런 후 순교자의 뜻을 기리기 위해 생매장 터에 순교탑을 세웠다고 한다.

여숫골이라 부르는 지명에도 유래는 있다. 죽어가던 신도들이 '예수마리아' 라고 읊조리던 기도 소리를 '여수머리' 라 알아듣던 주민들의 입으로 전해지고 다시 와전되면서 '여숫골' 이라는 땅 이름으로 고착된 것이다.

호야나무는 정식 이름이 홰나무다. 충청도 사투리로 호야나무라 부르던 것이 이 나무의 고유명으로 굳어진 듯 생각된다. 나무 둘레에는, 십 년 전에 어미나무의 씨를 받아 심은 네 그루의 후계목後繼木이 자라고 있다. 동서남북 네 방위에서 마치 하늘 높이 팔을 벌린 시늉을 하며 큰 나무를 에워싸고 있다.

다시 꽃이 필 것 같지 않게 쇠잔해 보이는 어미나무. 새끼 나무 넷을 옆에 거느리고 있으니, 그 울타리 어찌 튼실하지 않으랴. 순교의 넋이 서린 어미나무 옆에 뿌리내린 작은 나무 네 그루. 이름 없이 스러져간 순교자의 몸이 거름이 되어, 푸르게 자라기를 두 손 모은다.

향나무가 한 말

서초동 마루턱에 서 있는 향나무입니다.

나이는 800살.

품격은 서울시 보호수保護樹

이것이 나의 호적입니다. 물론 처음부터 길 한복판에 혼자 서 있었던 것은 아닙니다. 예전에는 크고 작은 나무들이 이웃하며 울창한 숲을 이루었지요. 소나무, 상수리나무. 떡갈나무들이 잘 어우러진 동산이었습니다.

봄이면 개나리 진달래가 피어나고, 다복솔 너머 비탈에는 배 밭이 넓어 달 밝은 밤이면 배꽃이 사뭇 하얗습니다. 해가 기울어 서녘 하늘이 물들 때면 새들이 깃을 찾아 날아들었습니다. 때맞추어 휘파람새가 찾아와 고운 목청을 굴리는가 하면 햇님 보다 일찍 일어난 까치가 등 너머 저편 마을에서 있었던 경사慶事를 알려 오기도 했습니다.

뙤약볕 내리쬐는 여름이 오면, 큰키나무들이 무성한 잎을 포개어 떨기나무에 시원한 그늘을 만들어 주었습니다. 바람은 먼 곳의 소식을 전해 주었고, 소나기는 하늘에서 만났던 구름 꽃의 장관을 일러주었습니다.

서늘바람이 일 무렵이면 누렇게 익은 배를 찾아오는 사람들의 발길이 잦았습니다. 푸른 하늘이 드높아지고 풀벌레 노래가 시작되면 다람쥐들이 바쁘게 돌아쳤고, 세찬 바람 불어와 잎진 나무들이 휘청일 때면 늘푸른 나무들이 바람막이를 해주곤 하지요.

어느 날, 산자락에 서 있는 미루나무가 호들갑스럽게 외쳤습니다.

“길을 넓히고 꽃마을 단지가 들어선대요.”

그 얘기는 바람에 실려 멀리멀리 퍼졌습니다. 전나무, 잣나무들까지도 덩달아 좋아했습니다. 혼자만 키가 커서 먼 곳을 바라볼 수 있는 나, 향나무를 몹시 부러워했었는데 이제는 저희들도 자동차 구경을 할 수 있게 됐다면서 마냥 좋아라고 했습니다.

이듬해 봄 땅이 파헤쳐 지면서 나무들이 죄다 뽑혀나갔습니다. 길이 휑하게 뚫리고, 아스팔트 포장길 한가운데에 나만 덩그렇게 남겨졌습니다. 둘레가 깎여서 마치 단壇위에 올라선 것처럼 되었습니다.

차량들이 밀어닥치기 시작했습니다. 어리둥절했던 것도 잠시고, 여느 나무들보다 빼어나서 한곳에 서 있음이 자랑스러웠는데 헛된 것임을 깨닫게 되었습니다. 요즘은 하루

수백 수천 대의 차가 내 겨드랑 밑으로 지나칩니다. 그들이 뿜어대는 매연에 이파리들이 부옇게 생기를 잃을 수밖에 없습니다. 기운을 잃은 내 모습이 딱해 보였던지 어느 날은 병원에 있는 중환자들처럼 링거 병을 주렁주렁 가지에 매달고 수액을 맞기도 했습니다.

비바람에도 끄떡없이 버티던 팔뚝 크기의 큰 가지들, 눈을 무겁게 이고도 무거운 줄도 몰랐던 손마디 잔가지들. 그것들도 지금 맥없이 쳐지고 검게 그을린 살갗 줄기와 더불어 어제 날의 모습이 아닙니다. 근처에 건물이 들어서기 전만 해도 내 모습은 시골 어느 동네에 있는 정자나무보다 더 우람했습니다.

이파리들조차 서서히 머리카락 빠지듯 설피어지더니 날이 갈수록 왜소해지니 무슨 까닭일까요. 밤에는 차량들의 불빛에 쫓겨 하늘의 별들마저 하나 둘 숨어 버립니다. 이제는 비가 오지 않는 날에도 별을 볼 수가 없습니다. 혼자 서 있는 날이 많아지면서 차츰 어디론지 뽑혀간 지난날의 이웃들이 자꾸 보고 싶어

집니다.

작년에 이런 일이 있었습니다. 나는 서울시 지정 보호수여서 나를 돌보아주는 김 씨가 자주 다녀갑니다. 내 굵다란 줄기는 구세가 먹어서 깊게 파여 있었어요. 김 씨는 검으틱틱한 시멘트같이 생겼는데 우레탄이라나요 그것을 버무려서 내 몸통에 다져 넣고 철사로 칭칭 동여맸습니다. 바람에 꺾일까 걱정되어 하는 일이겠지만 좀 갑갑해야 말이지요. 숨이라도 시원스레 쉴 수 있으면 좋으련만. 그날 내 밑동 둘레에서 자라고 있던 철쭉들이 묶여 있는 나를 올려다보며 어찌나 안타까워하던지요.

며칠 전이었어요. 차가 밀려 서 있을 때, 두 사람이 밖으로 나와 내 돌단에 기대어 담배를 피우며 주고받는 말입니다.

"서울은 아황산가스가 많아져서, 어디 공기 좋은 곳으로 집을 옮겨야겠어."

"맞아. 게다가 오존 치까지 높다잖아."

그들은 차 안에 공기 정화기를 달았고 가끔씩 가족을 데리고 시외로 나가서 맑은 공기를 마신다고 이야기합니다. 담배를 비벼 끄고 다시 차에 올라타 악셀을 밟았을 때 차체의 꽁무니에서는 푸른 연기가 뿜어졌습니다.

어제 김 씨가 다시 왔습니다. 낯선 사람과 함께 트럭에서 길쭉한 쇠파이프를 내렸어요. 두 사람은 내게로 오더니, 한 사람은 밑으로 처진 내 팔뚝가지를 들어 올리고 또 한 사람은 초록색 파이프를 그 아래로 밀어 넣어 받쳐놓았습니다. 그런 다음에 구부정한 내 허리를 억지로 펴기라도 하려는 듯 이리저리 기둥을 세워 보다가 그만 어쩌지 못한 채 돌아갔습니다. 그들이 돌아간 뒤에 옆에 있는 철쭉은 이렇게 말했어요.

"향나무 할아버지는 마치 성경에 나오는 모세 같아요. 적군과 싸울 때 두 팔을 들고 있으면 이기고, 팔을 내리면 져서, 아론과 후르가 양쪽에서 두 팔을 떠받들고 있었잖아요. 꼭 그렇게 생겼어요."

한결 편하기는 하지만, 언제까지 이러고 버틸 수 있을지는 나도 모르겠어요. 참, 어제는 모처럼 비가 왔습니다. 먼지 앉은 잎들이 말끔히 씻겨 한결 시원해졌습니다. 그때 빗줄기는 이렇게 말하더군요. 맑은 물을 내려주지 못해서 미안하다고.

이제 봄이 왔으니 꽃들이 나들이를 하겠군요. 해마다 팬지꽃이 제일 먼저 온답니다. 그 꽃도 처음 와서는 밤낮없이 지나는 자동차 행렬과 높은 빌딩 숲에 감탄하더니, 며칠 못 가서 목이 아프다며 병이 나고 말았습니다. 작년에도 그 전해에도 그렇게 시들어, 여름이 오기 전에 이곳을 떠나버렸습니다.

오늘 아침에는 택시와 승용차가 부딪쳤습니다. 그런 사고는 늘 있는 일이어서 이야깃거리도 못됩니다. 공장이나 공사장에서 나는 진동음, 혹은 행상이 외치는 마이크 소리가 몇 데시빌이니 하지만, 나도 온종일 들려오는 경적과 소음 때문에 바람이 실어다 주는 먼 곳 소식을 들어내지 못합니다. 요즘 내게 바람이 있다면, 조용한 곳으로 가서 예전에 이웃하고 있었던 친구 나무들과 함께 지내는 일입니다. 줄무늬 다람쥐, 솔방울의 풋풋함, 저녁과 새벽으로 지저귀던 크고 작은 새들, 그런 친구들 모두가 그립습니다.

새들이 내 가지에 앉아 오물을 흘리고, 설혹 벌레들이 오르내리며 나를 간질인다 해도 나무라지 않겠어요. 혼자 잘나서 이곳에 있었음을 뽐냈는데 이제는 부끄럽게 생각합니다. 오래지 않아 나는 더욱 쇠잔해지겠지요. 사람들이 쇠기둥을 몇 개씩 받치면서 버티고 있으라는데 난들 어찌하겠어요.

며칠 전 일입니다. 핸드폰을 든 남자가 내 옆에 차를 세웠어요.

"지금 차가 밀려서 꼼짝을 못해. 여기? 향나무 사거리야. 우회전해서 오라고? 그래 알았어."

그는 우측으로 차선을 바꾸면서 갔습니다. 이렇듯 나, 향나무는 자동차나 행인들의 길 안내도 하지만, 이정표 구실도 한답니다. 그러니 막상 내가 떠난다면 사람들은 얼마나 혼란스러워할까요. 서울 시장이나 어느 장관 이름은 잘 모르지만 서초동 향나무 사거리를 모르는 사람은 드문 터이니 말입니다.

오늘도 나는 교통신호 대에 올라선 교통순경처럼 이 등마루에 우뚝 서 있습니다. 초췌하지만 의젓한 모습으로 말입니다.

사연

은옥진 수필집
미리내 | 232쪽
값 7,000원

매화가지에 꽃댕기

은옥진 에세이
사과나무 | 240쪽
값 8,000원

나는 글자를 모은다

은옥진 에세이
수필과비평사 | 252쪽
값 12,000원

그마저 내려놓으라시면

은옥진 수필선
좋은수필사 | 192쪽
값 7,000원

나무는 내 작은 세상 안에 그리고 나는 그 안에

은옥진 에세이
수필과비평사 | 270쪽
값 15,000원

빈 벽을 바라보며

은옥진 수필집
수필과비평사 | 274쪽
값 15,000원

어머니의 비단방석

은옥진 수필선집
수필과비평사 | 276쪽
값 15,000원

은옥진 수필선집

어머니의 비단방석

인쇄 2025년 4월 21일
발행 2025년 4월 25일

지은이 은옥진
발행인 서정환
펴낸곳 수필과비평사
주소 서울시 종로구 삼일대로 32길 36(운현신화타워 빌딩) 305호
전화 (063) 275-4000
팩스 (063) 274-3131
이메일 essay321@hanmail.net
출판등록 제300-2013-133호
인쇄 · 제본 신아출판사

ISBN 979-11-5933-571-6 (03810)
값 15,000원

Printed in KOREA